Anonymous

Das oberösterreichische Museum Francisco-Carolinum in Linz

Anonymous

Das oberösterreichische Museum Francisco-Carolinum in Linz

ISBN/EAN: 9783743405240

Hergestellt in Europa, USA, Kanada, Australien, Japan

Cover: Foto ©ninafisch / pixelio.de

Manufactured and distributed by brebook publishing software (www.brebook.com)

Anonymous

Das oberösterreichische Museum Francisco-Carolinum in Linz

Das

oberösterreichische

MUSEUM

Francisco - Carolinum

LINZ.

Linz, 1873.

Verlag des Museum Francisco-Carolinum.

Druck von J. Wimmer.

Darstellung

der

Wirksamkeit, Sammlungen und Publikationen

während der 40 Jahre seines Bestehens (1833—1873).

Bei Gelegenheit

der Weltausstellung in Wien im Jahre 1873 zusammengestellt

vom

Verwaltungsrathe der Anstalt.

Der rege Eifer, das Heimatland in jeder Beziehung kennen zu lernen, schuf in mehreren Provinzen des österr. Kaiserstaates jene Anstalten, deren Aufgabe es ist, Alles zu sammeln und zu erforschen, was das Studium der vaterländischen Geschichte und Naturkunde bereichern und heimische Landeskunde und Kulturgeschichte erweitern kann. Das Land ob der Ens und das damals mit ihm enge verbundene Herzogthum Salzburg blieben hierin hinter den übrigen Provinzen nicht zurück.

Am 10. Februar 1833 bildete sich in Linz ein Verein für obige Zwecke und die im Stillen vorbereitete Anstalt trat am 1. Oktober d. J. ins Leben, die Bestätigung ihrer Statuten erfolgte während der Anwesenheit Sr. Majestät des Kaisers Franz I. zu Linz, mit allerhöchster Resolution vom 19. November 1833 und somit begann die Thätigkeit des Landes-Museums für Oberösterreich und Salzburg. In den Quartal-Berichten des damals bestandenen Bürgerblattes im Jahre 1834 erschienen die ersten Veröffentlichungen über die beginnenden und rasch anwachsenden Sammlungen. 1835 erschien der erste Jahresbericht, dem 1836 der zweite folgte.

Am 2. März des Jahres 1839 geruhte Se. k. k. Hoheit der durchlauchtigste Herr Erzherzog Franz Karl das Protektorat der Anstalt zu übernehmen und seit dieser Zeit führt dieselbe den Namen: *Museum Francisco-Carolinum.*

Mitglieder strömten der Anstalt von allen Seiten des Landes zu und das Museum fand in der patriotischen Gesinnung der Bewohner dieser beiden Provinzen solchen Anklang und so freigebige Unterstützung, dass nicht allein alle, beim Beginn eines Unternehmens grösseren Auslagen bestritten, sondern auch noch der

Grund zu einem Stammvermögen für die Anstalt gelegt werden konnte.

Aber nicht das Inventar des Gesammelten, sondern die Benützung desselben macht seinen Werth; die gehäuften Schätze allein gleichen der schönen Blüthe am Baume, die im flüchtigen Momente das Auge ergötzt, der aber keine Frucht entspricht; sie bleiben todt, so lange sie nicht wirksam ins Leben treten, und erregend und belebend ihre Einwirkung äussern konnten. Und so wurden denn mit den Jahresberichten Beiträge zur Landeskunde in Lieferungen verbunden, umfassender oder geringer, je nach dem Stande der materiellen Mittel der Anstalt. 1839 wurde ein periodisches Blatt, das „Museal-Blatt" gegründet, welches, ausser einer kurzen Chronik der Anstalt, kleinere Aufsätze über vaterländische Geschichte in allen ihren Verzweigungen, über Gegenstände der Kunst, der Natur, Industrie und Gewerbe, so weit sich ein vaterländisches Interesse daran knüpft, enthielt.

Das „Museal-Blatt" hatte dieselbe rein vaterländische Tendenz, welche der Anstalt überhaupt inne wohnt: In empfänglichen Gemüthern die Liebe zum Lande, das wir bewohnen, zu seiner Geschichte, zu seinen Anstalten, zu seinen Denkmalen, zu seiner reichen schönen Natur zu erregen, zu beleben und stets wach zu erhalten.

Ein periodisch erscheinendes Blatt war aber nicht geeignet, umfassendere Abhandlungen aufzunehmen und da sich das Bedürfniss geltend machte, grössere literarische Beiträge den Jahresberichten des Museums beizugeben und die Mittel des Vereins nicht hinreichend waren, um doppelte Publikationen fortsetzen zu können, so hörte das „Museal-Blatt" mit Ende Dezember 1844 zu erscheinen auf.

In dieses Jahr fiel auch die Errichtung eines eigenen städtischen Museums in Salzburg und der Austritt der zahlreichen dortigen Mitglieder.

Die seit der Gründung des Museums von Seite der Anstalt veröffentlichten Publikationen im „Museal-Blatte" und in den Lieferungen zu den Jahresberichten, sammt den vorhandenen Manuscripten finden sich rückwärts (Rubrik Publikationen) verzeichnet.

Was die materiellen Mittel der Anstalt anbelangt, so bestehen
dieselben: an Papierrenten 16.400 fl.
Silberrente . 150 „
⅕ 1860 Los . 100 „
Stammkapital Summa 16.650 fl. ö. W.
deponirt bei der Bank für Oberösterreich und Salzburg.

Bei der ungesicherten Existenz des Vereinslebens wurde dieses Stammkapital aus den Beiträgen der Mitglieder erspart.

Das Gebäude, in welchem die Sammlungen der Anstalt in 40 Lokalitäten untergebracht sind, wurde von der hohen Landes-Vertretung unentgeltlich überlassen, welche ausserdem eine
jährliche Subvention, für das Diplomatar von 525 fl. — kr. ö. W.
für geologische u. archeologische Forschungen „ 525 „ —
Beitrag zur Besoldung des Custos der Anstalt „ 157 „ 45 „
für Nachschaffungen der ständischen Bibliothek 210 „ — „
Summa 1417 fl. 45 kr. ö. W.
bisher bewilligte und in der 20. Sitzung am 4. Dezember 1872 um den Pauschalbetrag von 1000 fl. für das Jahr 1873 grossmüthig erhöhte.

Ferner aus den Jahres-Beiträgen seiner Mitglieder per 4 fl. 20 kr. ö. W. nach gegenwärtigem Stande 300. Summa circa 1260 fl. ö. W. somit, sammt Zinsen des Stammkapitals, bis zum Jahre 1873 eine jährliche Einnahme von circa 3500. fl.

Waren diese Hilfsmittel schon in der ersten Zeit des Entstehens der Anstalt, bei der wenigen Würdigung, die vor vierzig Jahren wissenschaftlichen Anstalten und Bestrebungen überhaupt zu Theil wurden, nicht zu gross, so wird die Beschränktheit derselben in der Zeit einer lebhaften geistigen Bewegung und freiheitlichen Entwicklung, wie die Gegenwart sie zeigt, mit jedem Tage fühlbarer.

Der Aufschwung der Neuzeit stellt viel grössere Anforderungen an eine wissenschaftliche Anstalt, als mit den geringen Mitteln zu erreichen sind, die dem Museum zu Gebote stehen. Und doch ist ein Landes-Museum das Thermometer, welches den Bildungsgrad und den geistigen Standpunkt der Bevölkerung des Landes anzeigt, nach welchem Reisende die Bildungsquellen zu beurtheilen pflegen.

welche einem Volke zu Gebote stehen, um die Wissenschaft in praktischer Weise mit dem Volksleben zu vermitteln.

Die Anforderungen der Neuzeit erheischen vor Allem die Herstellung eines, zur systematischen Aufstellung der Sammlungen geeigneten Gebäudes, da das gegenwärtig benützte keinen Raum mehr bietet, ferner für den Verfolg der Zwecke des Museums überhaupt und zur entsprechenden Vermehrung der Sammlungen grössere Subventionen, erhöhte Besoldungen und Vermehrung des Personals der Angestellten.

Es ist heut zu Tage nicht mehr möglich, allein, mit Aufopferung Einzelner durchzugreifen. Wissenschaftliche Arbeiten sollen honorirt, Reisen vergütet, Gegenstände zur nöthigen Ergänzung der Sammlungen angekauft, für Heranbildung junger Kräfte gesorgt und wissenschaftliche Forschungen unterstützt werden können, damit im Allgemeinen wissenschaftliches Leben angeregt und dem Landes-Museum es möglich gemacht wird, die wissenschaftlichen Interessen der Provinz nach jeder Richtung in systematischer Weise zu verfolgen.

Wissenschaftliches Leben würde sich, auf diese Weise, mehr einbürgern und zur Ehre des Landes gewiss von schönen Erfolgen begleitet sein. denn: Mit dem geistigen Verkehre heben sich zugleich die materiellen Interessen!

Sammlungen.

A.
Historische.

Bibliothek.

Um die bei der Gründung des Vereines angestrebten Ziele zu erreichen, musste vor Allem auf die Anlage einer entsprechenden Büchersammlung zum Verfolge der Wissenschaft und zur Benützung für die Fachreferenten der einzelnen Zweige Bedacht genommen werden.

Bei den geringen finanziellen Mitteln und anderweitigen Bedürfnissen einer entstehenden Anstalt, war diess keine leichte Sache.

Zum Glücke traten die hohen Stände des Landes ob der Ens grossmüthig unterstützend in's Mittel; sie überliessen bereits im Jahre 1835 einen grossen Theil ihrer, an Quellen für die Landes-Geschichte reichen Bibliothek an das Museum zur Aufstellung und Benützung, und stellten 1836 den Antrag, einen jährlichen Beitrag von 200 fl. C. M. (210 fl. ö. W.) aus der ständischen Kasse zur Dotirung der mit dem Museum zu vereinigenden ständischen Bibliothek zu gewähren, der auch von Sr. Majestät Kaiser Ferdinand I. am 18. Juli 1836 allergnädigst genehmigt wurde.

Auch unter der nachfolgenden gewählten Landes-Vertretung wurde seither dieser Betrag von Jahr zu Jahr genehmigt und erfolgt.

Von Seite des Museums wurde selbe durch Ankäufe wesentlich vermehrt und ausser der hohen Landschaft bereicherten viele Gönner der Anstalt dieselbe mit werthvollen Geschenken an Werken verschiedenen Inhaltes.

Der seither verstorbene, für das Museum rastlos wirkende Professor Josef Gaisberger, Stiftsdekan zu St. Florian, unterzog sich der mühevollen Arbeit des Katalogisirens, und am 4. August 1844 vollendete er seine Arbeit.

1845 erschien der nach Materien geordnete Katalog im Drucke.

Zur allgemeinen Benützung der Bibliothek wurde ein Lesezimmer eröffnet, durch 6 Tage in der Woche täglich 6 Stunden — von 8 bis 12 Uhr Vormittags, 3 bis 5 Uhr Nachmittags — den Besuchern geöffnet.

Ueber die Zahl der Benützungsfälle existiren keinerlei Vormerkungen.

Für die Mitglieder des Vereines besteht die Erlaubniss zur Entlehnung von Büchern, gegen Erlag von Quittungen von Seite der Benützer, die bei Rückstellung des Werkes wieder zurückgegeben werden, daher ein Nachweis über die Zahl der im Jahre 1870 ausgeliehenen Bücher unmöglich ist.

Die Bibliothek zählt im Ganzen	6454 Werke.
Theologie	113
Rechts- und Staatswissenschaft	380
Medizin	105
Philosophie	152
Geschichte und deren Hilfswissenschaften	2209
Mathematik	39
Naturwissenschaft	338
Philologie und Linguistik	185
Altklassische Literatur	140
Neuere Literatur und Belletristik	260
Kunst und Musik	226
Schulbücher	—
Jugendschriften	—
Gebet- und Erbauungsbücher	—
Sonstige Werke und Vereinsschriften	2149
Encyclopädien und Sammelwerke	158

Die Zahl der bis einschliesslich 1500 erschienenen Druckwerke *(Incunabeln)* ist 15, der bis Ende des 15. Jahrhunderts erschienenen ist 5. Die Zahl der Manuscripte beträgt 230.

Ausser dem gedruckten im Jahre 1845 erschienenen Kataloge des hochwürdigen Herrn Professor Josef Gaisberger existiren Zettel-Kataloge in jeder Abtheilung.

Was die anderen hieher gehörigen Sammlungen betrifft, so sind:

An Autographen	326
„ Musikalien	115
Karten:	
„ Landkarten	626
„ Himmelskarten	2
„ Mondkarte	1
„ Atlasse	18
„ Pläne von Schlachten und Belagerungen älterer Zeit	88
„ Pläne von Städten	48
„ Graphische Blätter und Handzeichnungen	2536
Zusammen	3760 Stücke.

Personalstand ist (mit Gehalt verbunden) keiner. Die Geschäfte führt der vom Verwaltungsrathe gewählte Referent unentgeltlich.

Die Bibliothek hat ausser der bereits erwähnten Landesdotation von 210 fl. und der Zulage des Kustos pr. 157 fl. 50 kr. für die Besorgung der ständischen Sammlung keine weiteren Einkünfte und Bezüge.

Archiv.

Im Archive befinden sich gegen 15.000 Urkunden in Originale und Abschriften, und ist die ausführliche Beschreibung der Veröffentlichung derselben, sowie der Regesten und anderer Archivalien bei den Publikationen in der Rubrik „Urkundenbuch" rückwärts angegeben.

Münzen-Sammlung.

Die Münzen-Sammlung ist in einer eigenen Lokalität untergebracht, und theilt sich in antike Münzen und in Münzen des Mittelalters und der Neuzeit. Die ersteren sind mit wenig Ausnahmen Landesfunde und der Grund zu dieser Sammlung wurde durch den Ankauf der Sammlung der Münzfunde bei Ens und Lorch aus dem Nachlasse des Spital-Verwalters Kaim in Ens gelegt. Zur Sammlung der Münzen des Mittelalters und der Neuzeit legte der, am 11. Juli 1835 von Sr. Majestät Kaiser Ferdinand I. zum Landes-Präsidenten ernannte Fürst Kinsky von Wychnic und Tetau (gest. 27. Jänner 1836) den Grund, indem derselbe seine Sammlung, enthaltend 26 Stücke in Gold, 691 in Silber und 512 in Erz, dem Museum schenkte. Der im Jahre 1843 gestorbene Karl Preisch, k. k. Hauptmann in Pension, vermehrte selbe durch Tausch und Kauf und diese Vermehrung wurde bis in neuester Zeit theils durch Geschenke, theils durch Tausch und Ankäufe von Seite seiner Nachfolger fortgesetzt.

Es umfasst gegenwärtig die Sammlung:

Antike Münzen:	Gold	Silber		Erz	Stücke
a. griechische:	*A*	*AR*		*Ae*	
Europa . . .	1	45		121	
Asia & Afrika	—	13		65	
Barbaren . . .	3	5		—	253
b. römische:	Gold	Silber	Bill.	Erz	
Consular- & Familien-Münzen	—	85	—	24	
Kaisermünzen bis zur Theilung	7	509	511	1509	
Weströmische . . .	2	—	—	12	
Oströmische	5	1	—	79	2744
c. Mittelalter und Neuzeit:					
Gold				68	
Medaillen:					
Aus Silber . . .		250			
Bronce und Kupfer . .		298			
Verschiedenen Metall . . .		170		718	
Thaler bis ¼				642	
Rechenmünzen und Marken:					
Aus Silber		3448			
Bronce und Kupfer . . .		1763			
Verschiedenen Metall .		146		5357	6785
				Summa	9782

In der numismatischen Bibliothek befinden sich 59 Werke in 134 Bänden und 36 Broschüren.

Heraldisch-sfragistische Abtheilung.

Siegel gleich den Münzen, immer anziehend dadurch, dass sie uns die Zeit vergegenwärtigen, in der sie entstanden, oft geeignet, Zeugniss zu geben, oder historische Zweifel zu lösen, verdienen um so mehr noch vorzügliche Beachtung, weil sie in systematischer Zusammenstellung zugleich einen kunstgeschichtlichen Ueberblick gewähren.

Die Sammlungen der Anstalt auf diesen Gebieten übertreffen heute schon die kühnsten Erwartungen, die man beim Entstehen des Vereines, vor 40 Jahren hegen konnte.

Sie umfasst an Siegeltyparen 68 Stücke.

An geistlichen Siegeln über 3000 Stücke, von denen 1024 von dem verstorbenen 2. Custos der Anstalt J. G. Weishäupl im Manuscripte, in vollkommener Beschreibung vorhanden sind.

An weltlichen Siegeln: An deutschen Kaiser-Siegeln 85 Stücke.

An Regenten-Siegeln 316 Stücke, von welchen über 200 Stücke im Manuscripte von dem verstorbenen Mitgliede der Anstalt Wilhelm von Rally, in vollkommenen Beschreibungen vorliegen.

Die Sammlung desselben 1816 Stücke umfassend, wurde 1839 von dem damaligen Präsidenten des Vereines Philipp Frhrn. von Scribenski angekauft und dem Museum zum Geschenke gemacht.

An Adels- und Bürger-Familien-Siegeln: bereits katalogisirte gegen 5000 Stücke, während die Zahl der bereits abgegossenen, aber noch nicht katalogisirten Urkunden-Siegel, der Zahl der bereits eingereihten nahe kommt. An Orts-Siegeln (Städte, Märkte etc.) 482 Stücke.

Der Abguss der Urkunden-Siegel wird gleichzeitig mit den Arbeiten für das Diplomatar des Landes ob der Ens besorgt.

In der sfragistisch-heraldisch-diplomatischen Abtheilung der Bibliothek befinden sich 38 Werke in 60 Bänden, sehr viele werthvolle Manuscripte, Diplome, Wappenbriefe, Genealogien, Wappenbücher, Stammbäume und Stammbücher, Zeichnungen von Grabdenkmälern des Landes etc. etc.

Dactiliothek.

Gemmen ⎱ Abgüsse 426
Intaglien ⎰   113
—————————————
Zusammen 539 Stücke.

Die Antiken-Sammlung

enthält meist Gegenstände heimischer Fundorte. Es dürfte kaum im österreichischen Kaiserstaate im Verhältnisse seines Flächenmasses, ein reicheres Land auf diesem Gebiete zu finden sein, als die nicht ganz 218 geographische Quadratmeilen umfassende Provinz Oberösterreich, wenn der Anstalt die Mittel zu Gebote stünden, diese Nachgrabungen systematisch betreiben zu können.

Der hohe oberösterreichische Landtag ertheilte in der 36. Sitzung vom 3. November 1869 der Anstalt die Genehmigung, einen Theil der jährlichen geologischen Dotation von 525 fl. zu Ausgrabungszwecken verwenden zu dürfen.

Davon werden gegenwärtig die von Seite des Museums fortgesetzten Ausgrabungen, auf dem wie es scheint unerschöpflichen Leichenfelde bei Hallstatt bestritten.

Die Ausgrabungen begannen dort unter umsichtiger Leitung des k. k. Bergmeisters Herrn Josef Ramsauer bereits im Sommer des Jahres 1846 und der Verwaltungs-Ausschuss unserer Anstalt versäumte nicht, bei dem hohen Hofkammer-Präsidium die Bewilligung zu erwirken, dass diese Funde in das vaterländische Museum übertragen werden.

Das hohe Hofkammer-Präsidium fand jedoch die Aufbewahrung dieser Alterthümer im Rudolfsthurme zu Hallstatt unter Aufsicht des dortigen Bergmeisters im Interesse der Wissenschaft gelegen, weil die Aufstellung derselben in ihrer Fundstätte selbst, einerseits der möglichen Zugänglichkeit und Bekanntwerdung derselben bei dem alljährlich während der Ischler Badesaison sehr zahlreichen Besuche der Hallstätter Saline entsprechen wird, andererseits aber dieselben auch dem Lande, in welchem der Fund Statt fand, nicht entzogen werden sollen.

Gegenwärtig sind diese Funde im k. k. Antiken-Kabinet zu Wien aufgestellt.

Im Jahre 1872 erfreute Herr Pfarrer J. Saxeneder zu Ueberackern, der seit Jahren bereits in freundlichster Weise als Mitglied der Anstalt wirkt, das Museum mit der Zusage, für Rechnung der Anstalt, die Nachgrabungen auf dem im Garten seines Pfarrhofes befindlichen römischen Todtenfelde fortsetzen zu wollen. Sämmtliche der wichtigsten Funde sind von dem leider für die Wissenschaft zu früh verstorbenen Herrn Prof. Gaisberger in Beschreibungen mit Abbildungen vorhanden. (Siehe Publikationen.)

Nach Lokalitäten geordnet umfassen die Funde

von	Ansfelden	14
„	Braunau	57
„	Ens und Lorch	464
„	Hallstadt	585
„	Lambach	60
„	Linz	214
„	Munderfing	46
„	Pichlwang	10
„	Schlögen *(Joviacum)*	319
„	Strudel und Wirbel	86
„	Traunkirchen	1
„	Ueberackern	64
„	Wels	123
„	Windischgarsten	275
	Summa	2318

mit Ausschluss der Münzfunde, die im Nachweise über das Münz-Kabinet ersichtlich sind.

Die Sammlungen des Mittelalters besitzen:

An	Gemälden	236
„	Musik-Instrumenten	75
„	Geräthen	488
„	Gegenständen der Tracht	124
„	Skulpturen	204
„	Folterwerkzeugen	21

Waffen:

An Stoss- und Hieb- . . . 172
„ Stangenwaffen und Fahnen 162
„ Schiesswaffen . . 61
„ Schutzwaffen . . . 143.

Die kostbarsten Stücke derselben dankt die Anstalt zum grössten Theile den Städten des Landes, vornehmlich den Städten: Linz, Wels, Freistadt, Braunau und Vöcklabruck, der Gemeinde Käfermarkt, Perg, Mauthausen etc., welche die in ihrer Verwahrung befindlichen Gegenstände, theils geschenksweise, theils mit Vorbehalt des Eigenthums dem Museum zur Aufstellung überliessen, und dann zahlreichen Gönnern, deren sich die Anstalt unter den Besitzern unserer heimischen Burgen und Schlösser erfreut.

Die ethnographische Sammlung

umfasst 214 Stücke und enthält als werthvollsten Theil derselben die, aus dem Nachlasse des k. k. Herrn Hofrathes Freiherrn Pflügl von Lissinetz aus Marocco der Anstalt als Legat zugefallene Sammlung von Waffen und Geräthen, — einen Theil der Sammlung, die Herr Dr. August Ritter von Genczik während seines Aufenthaltes in Aegypten und Cordofan zusammenbrachte, und dem Museum widmete, — vielen kleineren Geschenke von Gönnern der Anstalt und Ankäufe von Waffen und Geräthen der Indianerstämme Nordamerika's aus der Martin Pitzerischen Sammlung und umfasst im Ganzen 316 Nummern.

Technologische Sammlung.

Der Verein hat bei seiner Entstehung nicht nur eine Sammlung der vaterländischen Geschichtsquellen und Kunstgegenstände beabsichtiget, sondern sich auch eine systematische Darstellung alles dessen, was die Provinz in naturgeschichtlicher und technologischer Hinsicht Interessantes besitzt oder hervorbringt, zur Aufgabe gestellt.

Durch den Beschluss der General-Versammlung vom Jahre 1842 wurde jedoch die Technologie aus dem Wirkungskreise der Anstalt ausgeschieden, da unsere Provinz sich dem inner-österreichischen Industrie-Vereine anschloss, der hier eine Delegation und eine mit allen wissenschaftlichen Hilfsmitteln ausgestattete Industrieschule gegründet hat, wo die Interessen der Industrie wirksamer gefördert werden können, als mit den beschränkten Kräften und Hilfsmitteln des Museums. Unsere technologische Sammlung wurde daher, nebst den in das Gebiet der Technologie gehörigen Modellen und Erzeugnissen, wegen besserer Konzentrirung der Kräfte, mit Vorbehalt des Eigenthums für unsere Anstalt, an die genannte Delegation abgegeben.

Bezüglich der Errichtung einer eigenen Sektion für **Landeskunde** haben zwölf Mitglieder des Museums am 30. September 1869 eine Petition an den hohen Landtag überreicht. Diese kam in der 36. Sitzung am 3. November desselben Jahres zur Verhandlung und wurde mit der Motivirung von Seite des Finanz-Ausschusses, da dem Museum ohnehin schon ein Beitrag von 1208 fl., darunter 525 fl. zur Pflege der Geognosie des Landes gewidmet sind, abschlägig beschieden.

Die Aufgabe dieser Gesellschaft wäre es gewesen, unter andern eine vollständige Bibliographie der gesammten oberösterreichischen Literatur zusammen zu stellen; Ausforschung und Abschriftnahme der auf das Land bezüglichen Urkunden vom 15. Jahrhunderte abwärts, da bis dahin ohnehin das Materiale schon meist gesammelt ist, zu betreiben, und eine Sammlung aller im Lande befindlichen Kunstwerke in Abbildungen und Beschreibungen und Publikation derselben durch Herausgabe periodischer Blätter zu veranstalten, da weder Gelehrte, noch Künstler, noch Handwerker immer Zeit und Mittel besitzen, um die im Lande zerstreuten Kunstwerke — selbst wenn ihnen das Vorhandensein derselben bekannt wäre — aufzusuchen. Diese Publikationen wären derart eingerichtet worden, dass dieselben zur Erleichterung der Anschaffung für Künstler, Handwerker etc. in Gruppen, z. B. Gewebe, Glasmalereien, Buchbinderei, Metallarbeiten, Sculpturen, Keramik etc. etc. nach den im ganzen Lande vorhandenen, zerstreuten, oft herrlichen Kunstwerken in naturgetreuen Abbildungen erschienen wären, und in Heften nach Materien geordnet, veröffentlicht worden wären.

Da aber ohne Unterstützung ein mit so grossen Kosten verbundenes Unternehmen nicht durchzuführen war, musste die Ausführung desselben für spätere Zeiten verschoben werden.

Im Jahre 1872 erneute das Museum sein Gesuch beim hohen oberösterreichischen Landtage, und in der 20. Sitzung am 4. Dezember 1872 wurden die Anträge des um die Förderung der Landeskunde sich thätigst annehmenden Finanz-Ausschusses zum Beschlusse erhoben:

1. Es sei in Erledigung der Petitionen des Museums ausser der Subvention pr. 1207 fl. 50 kr. eine weitere Pauschalsumme pr. 1000 fl. für das Jahr 1873 zur freien Verfügung des Verwaltungsrathes des *Museum Francisco-Carolinum* zu bewilligen, und sei dieser Betrag in das Landes-Präliminare pro 1873 einzustellen;

2. der Landes-Ausschuss sei zu beauftragen, die Verhältnisse des Museums einer eingehenden Prüfung zu unterziehen, und bezüglich der zukünftigen Stellung desselben zum Lande im nächsten Landtage Bericht und Antrag zu erstatten.

B.

Naturwissenschaftliche.

Die
geognostische Abtheilung und deren Sammlungen.

Der vaterländischen Anstalt hätte wohl nichts näher liegen können, als die Gründung einer Abtheilung, welche nebst der Erforschung der Bodenverhältnisse des Landes, auch die Darstellung derselben sich zur Aufgabe stellte, indem es eine allerwärts anerkannte Thatsache ist, dass die Beschaffenheit des Bodens einen wesentlichen Einfluss auf die Beschäftigung der Bevölkerung, und damit im Zusammenhange auch, auf den Kulturzustand derselben ausübt.

Wie sollte auch das herrliche Alpenland Oberösterreich, gewiss eines der schönsten und interessantesten, dessen Bodenprodukte des Landes Reichthum bilden, dessen landschaftliche Schönheiten, das Ziel so vieler Reisenden sind, das in geologischer Beziehung vornehmlich durch seine Manigfaltigkeit und Reichthum an Versteinerungen, eines der merkwürdigsten Länder ist, ohne wissenschaftliche Vertretung bleiben.

Die Aufstellung der betreffenden geognostisch-paläontologischen Sammlungen nehmen die ganzen ebenerdigen Lokalitäten des landschaftlichen Musealgebäudes ein. Für die wissenschaftliche Thätigkeit und Vermehrung derselben, seit deren Entstehen 1849 wurde zuerst von den oberösterreichischen Landständen und dann von der nachfolgenden Landes-Vertretung eine jährliche Dotation von 525 fl. ö. W. bewilligt, davon bei den innigen Beziehungen der Archäologie mit der Geognosie, laut Landtagsbeschluss vom Jahre 1869 ein Theil dieser, früher ausschliesslich nur für die Geognosie verwendeten Dotation neuester Zeit auch zu archäologischen Ausgrabungen verwendet werden darf und gegenwärtig Ausgrabungen auf dem alten Grabfelde zu Hallstatt, aus diesem Fonde bestritten werden.

Die geognostische Abtheilung repräsentirt in ihren Sammlungen das Land Oberösterreich mit dem benachbarten salzburgischen Alpengebiete, welch' Letzteres, wenn auch in politischer Eintheilung zu einem anderen Kronlande gehörend, doch in geologischer Beziehung als unerlässlich zur Gesammtaufstellung einbezogen werden musste, da Salzburgs Gebirge für die betreffende Darstellung nicht übergangen werden können, um die Gebirgs-Verhältnisse, von dem südlichen Centralstocke der Alpen und der zwischen diesem und dem damit parallel laufenden Kalkalpenzug, gelegenen Uebergangs-Formation, nach der Reihenfolge von den älteren bis zu den jüngeren Bildungen darzustellen.

In dieser Weise findet auch die systematische Aufstellung der Sammlungen ihre Anordnung, wobei auch auf die Lokalitäten gebührend Rücksicht genommen wurde und die geologisch wichtigsten ihre besondere Vertretung haben, sowie die so ineinander greifende Gesammt-Darstellung zugleich die vorzüglichsten Epochen der Bildungsgeschichte der Erde in ihrem fortschreitenden Entwicklungsgange in folgender Ordnung zur Anschauung bringt:

1. Die krystallinischen Bildungen des Centralstockes der Alpen nebst deren Vorlagen.
2. Der Grauwackenzug der Uebergangs-Formation.
3. Die sekundären Formationen in ihrer speziellen Gliederung der Trias-Jura-Kreide und deren einzelne Gruppen.
4. Die Tertiär-Ablagerungen *(eocene* und *miocene)*.
5. Dann die quaternären Bildungen mit Einschluss der Bildungen der Gegenwart.
6. Den Schluss bilden wieder Urgebirgsmassen, vorherrschend aus Granit bestehend, wie solcher die Ufer der Donau begleitet bis Linz, jenseits dieses Stromes aber die Berge des Mühlkreises bis zur nördlichsten Grenze des Landes zusammensetzt und als ein Theil des böhmischen Centralstockes anzusehen ist.

Die Sammlungen enthalten sowohl die Gebirgsstücke in geeigneten Formaten, als auch die Einschlüsse an Mineralien und die den sedimentären Formationen eigenen Versteinerungen in grosser Zahl und Manigfaltigkeit in geordneter Aufstellung in 34 Wandkästen, während die Mittelschränke die vorzüglichsten Repräsentanten der fossilen Thierwelt in aufsteigender Folge ihres Entwicklungsganges vorführen, so: aus der Sekundärzeit Prachtexemplare von *Cephalopoden*, besonders aus den Hallstätter-Schichten in mitunter riesigen Exemplaren, *Hipuriten* (vom Volke als Kuhhörner bezeichnet), im folgenden Mittelschranke: Repräsentanten der Tertiärzeit, mit den interessanten Fossil-Resten der wallartigen Thiere, aus den zunächst der Stadt Linz vorkommenden Sandlagern.

Diese fossilen Säugethierreste der *miocen*-tertiär-Ablagerungen bestehen in Kopftheilen, Zähnen, Gehörknochen, Wirbelknochen, Rippen und gehören drei Gattungen von Wallthieren *(Cetaceen)* an, nämlich: dem bisher noch nirgend aufgefundenen Unikum des Kopftheiles von *Cetotheriopsis lentian:* beschrieben von Herrn von Brandt in Petersburg und nach dem Fundorte Linz benannt; andere gehören der Familie der *Squalodon* an, von welcher Familie Ueberreste von Malta, Bordeaux, Antwerpen, Turin und Nordamerika bekannt sind, während die der *Halianassa*, von welcher nebst anderen auch ein beinahe vollständig erhaltenes Rumpfskelett in unserer Sammlung bewahrt wird, häufiger vorkommen und für das rheinische Tertiär-Becken selbst bezeichnend sind.

In aufsteigender Reihenfolge enthält endlich der letzte Mittelschrank Reste von fossilen Landsäugethieren, so von Mammuth *(Elephas primigenius)* in verschiedenen Knochenstücken, vorzüglich aber Backen- und Stosszähnen von Rhinozeros *(Rhinoceros tichorhinus)*, Urstier *(Bos primigenius)*, Höhlenbär *(Ursus spelaeus)*, Hirsch und Pferd etc. sämmtliche Funde aus dem Lande, welche Reste nicht nur den Entwicklungsgang in der Thierwelt, als auch die stattgefundenen Veränderungen auf der Erde, damit auch des Landes, das wir bewohnen, beurkunden, und die Gegend von Linz als Grund eines ausgedehnten, grossen, das ganze Ober- und Unterösterreich, Ungarn etc. einnehmenden Tertiär-Meeres nachweisen, nach dessen Abflusse auf dem trocken gelegten Lande unter mehr gleichförmigen klimatischen Verhältnissen selbst Elefanten und Rhinozerosse unter der Thierwelt vertreten waren, und daher die geologischen Sammlungen einen interessanten Einblick in die Verhältnisse von Einst und Jetzt gewähren.

Die angewandte Geognosie findet gleichfalls ihre würdige Vertretung in Aufstellung der nutzbaren Gesteine des Landes und ihrer Verwendung, wie des Granites, dann der herrlichen Marmorarten, des Steinsalzes, der Sandsteine und des Sandes, der Konglomerate, Tuffe, sowie des fossilen Brennstoffes der Kohlen und des Torfs, welche bedeutende Erwerbsquellen begründen, so die Bergbaue auf Steinsalz und Kohlen, die zahlreichen Steinbrüche, Ziegeleien, zur Gewinnung und Verarbeitung von natürlichen wie künstlichen Bausteinen und verschiedenen Gebrauchs-Gegenständen, Pflastersteine, Schleif- und Wetzsteine, Mühlsteine, die Verwendung des Marmors in Architektur und Kunst, Torfstiche etc. und Aufstellung von derlei Erzeugnissen.

Eine geoplastische Darstellung des Herzogthums Salzburg von Keil in dem, den salzburgischen Centralstock der Alpen repräsentirenden ersten Zimmer, gewährt eine treffliche Uebersicht der orographischen Verhältnisse dieses Landes, während eine zweite von dem Lande Oberösterreich durch Landtags-Beschluss vom 15. Februar im Jahre 1866 zur Anschaffung und Aufstellung bereits genehmigt, nur durch Krankheit des Verfertigers (Ingenieur Keil) bisher unterblieben ist. Eine zweite plastische Darstellung gibt ein anschauliches Bild des Salinenortes Hallstatt mit seinen Bergbau-Verhältnissen, sowie die an den Wänden angebrachten 14 Bilder von Professor Unger, die idealen landschaftlichen Darstellungen der einzelnen Formationen zeigend, einen lehrreichen Ueberblick zur Geschichte der Erde bieten, die geologischen Karten aber nach den Aufnahmen der k. k. geologischen Reichsanstalt in Wien, Einsicht in die Bodenbeschaffenheit des Landes geben, und die betreffende Bibliotheks-Abtheilung ausgewählte Werke und Karten aus dem Bereiche der Geognosie, Mineralogie und Paläontologie als schätzbares Material für das Studium dieser Wissenschaft enthält.

Wie aber überhaupt die wissenschaftlichen Forschungen nie als geschlossen zu betrachten sind, so erhält die Abtheilung in ihren Sammlungen alljährlich nicht unbedetuende Vermehrung vorzüglich durch Aufsammlung und Ankäufe von Versteinerungen, womit namentlich die fossile Flora und Fauna des Landes fortwährend ergänzt wird, so, dass die Zahl der Stücke in Gebirgsstücken, Mineralien und Versteinerungen, welche sich gegenwärtig auf 12.000 beläuft, sich stets vermehrt, wie auch die praktische Geologie ihre Richtung auf die Landwirthschaft ausdehnen wird.

Was der wissenschaftliche Reisende und Fachmann in weiten und oft beschwerlichen Wanderungen zu seiner Anschauung zu bringen sucht, was dem Einheimischen von grossem Interesse sein muss, nämlich die nähere Kenntniss der Bodenbeschaffenheit des Landes, die einen so entschiedenen Einfluss auf die Erwerbsquellen ausübt, bietet in gedrängter Uebersicht die geologische Abtheilung des Museums in ihrer Aufstellung von den Vorkommnissen, von Salzburgs südlichstem Gebirgszuge an, bis zur nördlichen Grenze Oberösterreichs, welche Sammlungen schon öfter das Ziel so mancher Gelehrten des In- und Auslandes gewesen sind, wie überhaupt das vaterländische Museum zum Nutzen und Ehre des Landes in seinem Verfolge der Wissenschaft, mit besonderer Berücksichtigung der wissenschaftlichen Interessen des Landes, somit in Förderung der Intelligenz, Volksbildung, Bearbeitung der Landeskunde u. s. w. bei dem regen geistigen Aufschwung der Gegenwart als Landes-Anstalt einen wichtigen Platz einzunehmen berufen ist.

Mineralogische Abtheilung.

Wie bei allen Sammlungen, der Aufgabe der Anstalt nach, der provinzielle Bestand möglichst hervorgehoben ist, so enthält diese Abtheilung eine Aufstellung der oberösterreichischen Vorkommnisse, die im Ganzen an Mineralien arm ist, aber mit Einbeziehung des daran viel reicheren Gebietes von Salzburg in gegenwärtiger Aufstellung 791 Stücke zählt.

Die bestehende allgemeine Sammlung erhielt im Jahre 1842 durch Ueberlassung von Doubletten aus dem k. k. Hof-Mineralien-Kabinette durch gütige Verwendung des weil. Vorstandes Paul Partsch und Dr. Hörnes eine grosse Bereicherung und enthält gegenwärtig 3234 Exemplare. Beide Sammlungen waren früher nach dem System Mohs, nun nach dem Professor Weiss, geordnet und gewähren einen ziemlich vollständigen Ueberblick.

Ausserdem besteht zum Verfolge des Studiums der Mineralogie eine terminologische Sammlung in 280 Objekten, sowie eine Sammlung von Krystall-Modellen, in besonderer Vertretung der Hauptformen, geschnitten von dem verstorbenen Krystallographen Karl Prüfer in Wien.

Diese Sammlungen sind in zwei Lokalitäten aufgestellt.

Die Beschreibung der Mineralien- und terminologischen Sammlungen sind im Manuscripte vorhanden, welches zugleich als Katalog dient, sowie auch über die Modelle das noch von Prüfer beigegebene Verzeichniss vorliegt.

Zoologische Abtheilung.

Die Thierwelt der Gegenwart findet in vier Lokalitäten ihre systematische Aufstellung.

Der dem Lande angehörige Theil derselben ist in diesen Lokalitäten in 23 Kästen aufgestellt in der Anordnung, von den höher entwickelten Thieren absteigend bis zu den niederen Klassen und enthält:

Säugethiere	89 Stück
Vögel	661 „
Fische	220 „
Amphibien	169 „
Insekten, eine eigene Abtheilung bildend, mehr als . . .	30.000 „
Krustenthiere	60 „
Würmer	10 „
Weichthiere	446 „

nach anerkannten guten Systemen geordnet, wobei bei den Säugethieren und Vögeln vorzüglich auch auf die Altersstufen, Kleidung, Varietät, sowie bei den übrigen Thierklassen auf deren Entwicklung thunlichste Beachtung genommen ist.

An hieher gehörigen Spezial-Sammlungen besitzt diese Abtheilung:

Eine Sammlung an Vogeleiern vorwiegend
einheimischer Arten in . . . . 640 Exemplaren
Eine Sammlung von Vogelnestern . . 88 „
„ „ „ präpar. Vogelzungen . 165 „

Anschliessend an die vaterländischen Sammlungen enthält ein Zimmer eine Zusammenstellung ausländischer zoologischer Gegenstände, welche meist durch Widmungen an die Anstalt kamen und eine lehrreiche Beigabe bilden.

Die Sammlungen fremdländischer Thiere enthält:

An Säugethieren 30
„ Vögeln 230
„ Amphibien 42
„ Krustenthieren . . 69
„ Weichthieren . 330.

Entomologie.

Dieser Abtheilung ist eine eigene Räumlichkeit im Museum gewidmet und die Sammlungen derselben sind im Hinblicke auf ihre Reichhaltigkeit und auf den keineswegs grossen Umfang des Landes Oberösterreich bedeutend zu nennen.

Die Sammlung der Coleopteren enthält 11.359 Arten, worunter 5418 Inländer (österreichischer Staat) und 5941 Species Ausländer.

Die Sammlungen der Orthopteren, Neuropteren, Hemipteren, Hymenopteren, Homopteren, Dipteren, Spinnen, Asseln und Vielfüsse umfassen 1011 Species, darunter 919 Species Inländer.

Die Sammlung der Lepidopteren enthält 1248 Species, darunter sind 1064 Species Inländer und 184 Species Ausländer.

Die Zahl der Exemplare aller entomologischen Gruppen übersteigt dreissig Tausend.

Botanik.

Das Museum besitzt in diesem Fache drei Herbarien, und zwar das eine, welches die Phanerogamenflora von Oberösterreich und Salzburg umfasst, bei 1800 Species zählt, nach dem Systeme Reichenbach's geordnet, das zweite ebenfalls nach dem Systeme Reichenbach's geordnete Herbar enthält aus der Flora Deutschlands bei 3700 Species, sonach den grössten Theil der beiläufig 5200 Species zählenden Flora dieses Gebietes.

Das dritte sehr werthvolle, wissenschaftlich ausgestattete und mit grosser Mühe und Kostenaufwande nach dem Systeme Decandol's von Dr. Duftschmid in 84 voluminösen Bänden zusammengestellte Herbar verbreitet sich über die Flora des europäischen Kontinents, und begreift ganze Kollektionen, wie: die Dalmatiens von Petter, die Italiens von Magnanuti, Siciliens von Todaro, die russische Steppenflora von Becker, die Flora Siebenbürgens von Professor Schur, die Weiden von Professor Anton Kerner und mehrere andere in sich, zählt im Ganzen über 7150 Species, und wurde nach dem Ableben Dr. Duftschmid's, der auch eine Flora Oberösterreichs im Manuscripte hinterlassen hat, mit diesem aus dessen Verlassenschaft angekauft. Bei der ausgebreiteten Korrespondenz und vielfältigen Tauschverbindungen des Dr. Duftschmid ist die Reichhaltigkeit dieses Herbars, welches nicht nur Species von vielen Standorten, sondern auch mehrfache Varietäten, ja ganze Formenkreise darbietet, erklärlich, was auch schon von botanischen Autoritäten anerkennendst gewürdigt wurde.

Das Museum besitzt auch eine vom Pfarrer Franz Oberleitner zusammengestellte Alpenflora der Umgebung von Windischgarsten, Spital am Pyhrn und des Stodergebietes in reich ausgestatteten und instruktiven Exemplaren mehr als Centurien zählend.

Auch die Gartenflora ist durch eine von Josef von Mor zusammengestellte Sammlung in wohl präparirten Exemplaren vertreten.

Als eine besonders seltene Sammlung stellt sich auch ein in hundert Büchern, sowohl die Laub- als Nadelhölzer aufweisendes Arboretum dar, dessen Einband aus den Rinden der betreffenden

Bäume bekleidet, mit der eigenthümlichen Flechte oder Moose angefertigt erscheint, und im Innern das Laub oder die Nadeln, die Blüthen, die Frucht, die Samen, Durchschnitte in rohen und polirten Zustande, den horizotalen und vertikalen Durchschnitt, die Kohle, die Asche etc. etc. und die der Pflanze schädlichen Insekten enthält.

Die Kryptogamenflora Oberösterreichs, geordnet von den rühmlichst bekannten Fachgelehrten Dr. Pötsch in Kremsmünster und Dr. Schiedermayr in Kirchdorf ist besonders vollständig, und hat den Genannten als Substrat eines Werkes über diese Abtheilung des Pflanzenreiches gedient, das in diesem Jahre in den Schriften der k. k. zoologisch-botanischen Gesellschaft in Wien erscheinen wird.

Publikationen.

Abbreviaturen:

Mus. Bl. = Zeitschrift des *Museums Francisco - Carolinum*.
J. B. = Jahres-Bericht des *Museums Francisco - Carolinum*.
Lief. = Lieferung der Beiträge zur Landeskunde von Oberösterreich des *Museums Francisco - Carolinum*.
O. K = Oberösterreichischer Kalender.
L. Z. = Linzer Zeitung.
D. M. = Druckfertiges Manuscript.

Baumgarten, P. Amand. Aus der volksmässigen Ueberlieferung der Heimat. I. Zur volksthümlichen Naturkunde. Linz, 1862. 22. J. B., 17. Lief.
— Aus der volksmässigen Ueberlieferung der Heimat. Linz, 1864. 24. J. B., 19. Lief.
— Aus der volksmässigen Ueberlieferung der Heimat. Linz, 1869. 28. J. B., 23. Lief.

Braune, Alexander Fr. Anton von. Darstellung des Bereiches der Blattschwämme, mit besonderer Hinsicht auf ihr Vorkommen in der Landschaft Salzburg. Mus. Bl. 1840, Nr. 6, 7.
— Phytographisch-medizinisch-historische Bemerkungen zu den von Jos. Lalic zu Verbovsko in Kroatien bekannt gemachten Heilmitteln aus dem Pflanzenreiche gegen die Hundswuth und den Biss giftiger Schlangen, mit besonderer Rücksicht auf ihr Vorkommen im Herzogthume Salzburg. Mus. Bl. 1840, Nr. 17, 18.
— Beschreibung des Hundssteines im Pinzgau und des ehemals auf demselben am St. Jakobstage stattgehabten Volksfestes. Mus. Bl. 1842, Nr. 22, 23.

Brenner, Josef Ritter von Felsach, Dr. Bericht über die Bade-Saison zu Ischl im Jahre 1839. Mus. Bl. 1839, Nr. 9, 10.
— Bericht über die Bade-Saison zu Ischl im Jahre 1840. Mus. Bl. 1841, Nr. 5, 6.
— Einige Worte zum Beginne der Bade-Saison in Ischl im Jahre 1841. Mus. Bl. 1841, Nr. 14.
— Korrespondenz aus Ischl. Mus. Bl. 1841, Nr. 17.
— Korrespondenz aus Ischl. Mus. Bl. 1841, Nr. 24.
— Bericht über die Bade-Saison zu Ischl im Jahre 1841. Mus. Bl. 1842, Nr. 17, 18.

Brenner, Josef Ritter von Felsach, Dr. Bericht über die Bade-Saison zu Ischl im Sommer 1842. Mus. Bl. 1843, Nr. 24. 25.
— Bericht über die Bade-Saison zu Ischl im Jahre 1843. Mus. Bl. 1844, Nr. 6, 7.

Brittinger, Christian. Ueber eine neuaufgestellte herzblätterige Jacquinie. Mus. Bl. 1840, Nr. 4.
— Ueber eine vom Herrn Konsistorialrathe Fr. Sailer aufgestellte neue Pflanzengattung. Mus. Bl. 1840, Nr. 8.
— Entdeckung einer neuen Pflanzenart. Mus. Bl. 1841, Nr. 10.
— Die Brutvögel Oberösterreichs, nebst Angabe ihres Nestbaues und Beschreibung ihrer Eier. Linz, 1866. 26. J. B., 21. Lief.

Buchaczek, J. F. Rückblick auf die Trauungen, Geburten und Sterbefälle in der Provinzial-Hauptstadt Linz im Jahre 1840. Mus. Bl. 1841, Nr. 8.
— Rückblick auf die Trauungen, Geburten und Sterbefälle im Mühlkreise im Jahre 1840. Mus. Bl, 1841, Nr. 10, 11.
— Rückblick auf die Trauungen, Geburten und Sterbefälle im Traunkreise im Jahre 1840. Mus. Bl. 1841, Nr. 12.
— Rückblick auf die Trauungen, Geburten und Sterbefälle im Hausruckkreise im Jahre 1840. Mus. Bl. 1841, Nr. 16.
— Rückblick auf die Trauungen, Geburten und Sterbefälle im Innkreise im Jahre 1840. Mus. Bl. 1841, Nr. 19.
— Rückblick auf die Trauungen, Geburten und Sterbefälle im Salzburger Kreise im Jahre 1840. Mus. Bl. 1841, Nr. 24, 25.
— Rückblick auf die Trauungen, Geburten und Sterbefälle beim Militär in der Provinz Oesterreich ob der Ens und Salzburg im Jahre 1840. Mus. Bl. 1841, Nr. 29.
— Statistische Notizen von Oesterreich ob der Ens und Salzburg. Mus. Bl. 1841, Nr. 31, 32.
— Statistische Notizen von Oesterreich ob der Ens und Salzburg. Mus. Bl. 1842, Nr. 2, 6.
— Donau-Dampfschifffahrt. Mus. Bl. 1842, Nr. 23, 24, 25, 26, 27, 28, 29, 30.
— Statistische Notizen von Oesterreich ob der Ens und Salzburg. Mus. Bl. 1843, Nr. 29, 31, 34.

Cori, Johann Nep., k. k. Militär-Bezirks-Pfarrer zu Linz, Ehren-Domherr, Konsistorial- und geistlicher Rath, bischöflicher Notar. Lauriacum oder Lorch. Linz, 1871. 30. J. B., 25. Lief.
— Bau und Einrichtung der deutschen Burgen im Mittelalter mit Beziehung auf Oberösterreich. Linz, 1873. 32. J. B., 27. Lief.

Czerny, Albin, Chorherr und Bibliothekar zu St. Florian. Ein Dokument für das Vorkommen der Einmauerung Lebendiger in Oberösterreich. Linz, 1873. 31. J. B., 26. Lief.
— Chronik-Aufzeichnungen eines Oberösterreichers aus der Zeit Kaiser Max I. D. M.

Duftschmid, Johann, Dr., Stadtarzt in Linz. Die Flora von Oberösterreich. Linz, 1870. 29. J. B., 24. Lief.

Edlbacher, Ludwig, k. k. Gymnasial-Professor. Die Entwicklung des Besitzstandes der bischöflichen Kirche von Passau in Oesterreich ob und unter der Ens vom 8. bis 11. Jahrhundert. Linz, 1870. 29. J. B., 24. Lief.

Ehrlich, Franz Karl, kais. Rath und Kustos des *Museum Francisco-Carolinum* in Linz. Die Vermehrung der Mineralien-Sammlung des Museums durch Ueberlassung von Doubletten aus dem k. k. Hofmineralien-Kabinete in Wien. Mus. Bl. 1841.
— Eine Fahne aus dem oberösterreichischen Bauernkriege vom Jahre 1626. Mus. Bl. 1842.
— Zur Chronik des *Museum Francisco-Carolinum.* Mus. Bl. 1844, Nr. 27, 28, 32.
— Geognostische Wanderungen in Oberösterreich. Linz, 1847. 9. J. B.
— Nekrolog des Franz Schneider, weil. akad. Bildhauer zu Linz, gestorben 1847. Linz, 1847. Oest. Bürgerblatt Nr. 108.
— Ueber den Meteorstaubfall in Wien im Jahre 1848. Berichte der Freunde der Naturwissenschaften in Wien v. J. 1848. 4. Bd.
— Ueber die fossilen Säugethierreste aus den Tertiär-Ablagerungen der Umgebung von Linz in Oberösterreich. Bericht über die Mittheilung von Freunden der Naturwissenschaften in Wien. 4. Bd. 1848.

Ehrlich, Franz Karl. Die Geologie und der geologische Verein für Inner-Oesterreich und das Land ob der Ens. Oberöst. Bürgerblatt v. J. 1849.
— Ein weisser Rehbock in den naturhistorischen Sammlungen des vaterländischen Museums in Linz. Linz, 1849. Oest. Bürgerblatt Nr. 70.
— Ueber die nordöstlichen Alpen. Ein Beitrag zur näheren Kenntniss des Gebietes von Oesterreich ob der Ens und Salzburg in geognostisch-mineralogisch-montanistischer Beziehung. Darin auch enthalten: Erzvorkommen und Bergbaue. Mit einigen geschichtlichen Anmerkungen über die letzteren. Linz, 1850.
— Bericht über die geognostischen Erhebungen im Verlaufe des Jahres 1848. IV. Bericht des geogn. mont. Vereines für Inner-Oesterreich und das Land ob der Ens in Graz. Linz, 1850.
— Bericht über die geognostischen Forschungen im Jahre 1849. III. Bericht des geognost. mont. Vereines für Inner-Oesterreich und das Land ob der Ens in Graz. Linz, 1850.
— Geologische Geschichten. 1. Entwicklungs-Geschichte der Gegend von Linz, sowie des Festlandes überhaupt; in Verbindung mit den wesentlichen Begriffen der geologischen Wissenschaft. 2. Einfluss der geologischen Beschaffenheit auf die Beschäftigung und den Kulturzustand der Bevölkerung. Leichtfassliche Beiträge zur Verbreitung der Wissenschaft und der Landes-Kenntniss. Linz, 1851.
— Bericht über die in Ens veranstalteten Ausgrabungen römischer Alterthümer und des Hypokaustums. L. Z. Nr. 242. 1851.
— Die Ausgrabungen bei Ens. L. Z. Nr. 3 und 5. 1852.
— Erinnerung an Leopold von Buch. L. Z. Nr. 63. 1853.
— Zur Charakteristik des Wolfes. L. Z. Nr. 135. 1854.
— Geognostische Wanderungen im Gebiete der nordöstlichen Alpen. Ein spezieller Beitrag zur Kenntniss von Oberösterreich. Linz, 1854.
— Die fossilen Elefanten-Reste und deren Funde in Oberösterreich. O. K. v. J. 1855.
— Werth wissenschaftlicher Bestrebungen. L. Z. Nr. 284. 1855.

Ehrlich, Franz Karl. Beiträge zur Paläontologie und Geognosie von Oberösterreich und Salzburg. 1. Die fossilen *Cetaceen*-Reste aus den Tertiär-Ablagerungen bei Linz, mit besonderer Berücksichtigung jener der *Halianassa Collinii H. v. M.* und des dazu gehörigen im Jahre 1854 aufgefundenen Rumpfskelettes. 2. Bericht über die im Monate August 1854 gemeinschaftlich mit Bergrath Ritter von Hauer ausgeführte geognostische Forschungsreise. Linz, 1855. 15. J. B., 10. Lief.
— Wiedereröffnung der Vorträge über Geognosie. L. Z.
— Einige Worte über den Einfluss der geognostischen Wissenschaft auf die Bildung. L. Z. Nr. 260. 1855.
— 1. Gebetbuch des Erzherzog Mathias. 2. Zur Genealogie des Joachim Enzmüller, Grafen von Windhaag. Linz, 1856. 16. J. B., 11. Lief.
— Ueber den Werth der Versteinerungen. O. K. vom Jahre 1856.
— Heinrich Bach's geognostische Uebersichtskarte von Deutschland, der Schweiz und den angrenzenden Ländertheilen. L. Z. Nr. 89. 1856.
— Die nutzbaren Gesteine Oberösterreichs und Salzburgs nach den geognostischen Vorkommen und in ihrer Anwendung. Linz, 1857. 17. J. B., 12. Lief.
— Geognostische Verhältnisse der Gegend von Linz. Schmidl's Literatur-Blatt in Wien.
— Ueber den Werth der Provinzial-Museen. Schmidl's Literatur-Blatt in Wien.
— Leitfaden für den naturwissenschaftlichen Unterricht im Taubstummen-Institute zu Linz. D. M. (Wird für den Unterricht daselbst seit Jahren benützt.)
— Bericht über die Arbeiten der III. Sektion der k. k. geologischen Reichsanstalt. Jahrbuch der k. k. geolog. Reichsanstalt. 1. Jahrg. Nr. 4. Linz, 1857.
— Ueber den fossilen Brennstoff der Kohlen, dessen Natur und Vorkommen in den verschiedenen Formationen, die Unterscheidung und den Werth desselben, sowie sein Einfluss auf die Industrie. O. K. v. J. 1857.

Ehrlich, Franz Karl. Oberösterreichs geognostische Beschaffenheit in ihrem Einfluss auf die Landwirthschaft. O. K. v. J. 1858.
— Die geognostische Abtheilung des Museums und Aufstellung der betreffenden vaterländischen Sammlungen. Linz, 1859. 19. J. B., 14. Lief.
— Orts- und Gemeinde-Namen Oberösterreichs in ihrer wenigstens theilweisen Herleitung. Ein Beitrag zur Landeskunde. Linz. O. K. v. J. 1859.
— Das Buch - Denkmal im oberösterreichischen Alpengebiete. Linz. O. K. v. J. 1861.
— Das *Museum Francisco - Carolinum* in Uebersicht seiner Sammlungen. Linz, 1866.
— Die geologische Abtheilung des Museums im praktischen Einfluss auf die Landwirthschaft. Kleines *Museum of practical Geology* nach dem Muster Englands. D. M.
— Oberösterreich in seinen Natur-Verhältnissen. Eine gedrängte Uebersicht derselben nach dem gegenwärtigen Standpunkte der Wissenschaft mit Benützung vorliegender Werke zusammengestellt und bearbeitet als Handbuch zur näheren Kenntniss des Landes. Linz, 1871.
— Oberösterreich in seinen Volks-Verhältnissen. Eine gedrängte Darstellung derselben nach dem gegenwärtigen Standpunkte mit Rückblicken auf die Vergangenheit. Mit Benützung vorliegender Werke zusammengestellt und bearbeitet als Handbuch zur näheren Kenntniss des Landes und seines Volkes. D. M.
— Zur Geschichte der christlichen Kunst in Oberösterreich. Christl. Kunstblätter. Linz, 1872. 12. Jahrg., Nr. 6.
— Das *Museum Francisco-Carolinum*. L. Z. Nr. 259, 260.
— Synopsis der Versteinerungen von Oberösterreich. Ein Beitrag zur Kenntniss der fossilen Flora und Fauna. M.
— Die Säugethiere Oberösterreichs. Fossile, wildlebende, ausgerottete und zahme. Ein Beitrag zur Naturgeschichte des Landes. M.

Engel, Heinrich. Die Flechten und deren Nutzen. Linz, 1856. 16. J. B., 11. Lief.

Fellöcker, Sigismund P. Funde von *Ursus spelaeus* zu Kremsmünster. Linz, 1864. 24. J. B., 19. Lief.

Filz, Michael P. Historisch-kritische Abhandlung über das wahre Zeitalter der apostol. Wirksamkeit des heil. Rupert in Baiern und der Gründung seiner bischöflichen Kirche in Salzburg. Linz, 1843. 7. J. B., 4. Lief.

Fitzinger L.. J. Dr. Bericht über die in den Sandlagern von Linz aufgefundenen fossilen Reste eines urweltlichen Säugers (*Halitherium Cristolii*). Linz, 1842. 6. J. B., 3. Lief.

Gaisberger, Josef, Stiftsdekan zu St. Florian, k. k. Schulrath etc. Zur Chronik des *Francisco-Carolinum* zu Linz. (Germanische Alterthümer.) Mus. Bl. 1840, Nr. 2.

— Zur Chronik des *Francisco-Carolinum* zu Linz. (Grossmüthige Sorgfalt der ob der ensischen Landstände für die Zustandebringung eines Diplomatars. — Medaille auf die Ankunft der Gemalin Karl VI. zu Linz 1713.) Mus. Bl. 1840, Nr. 9, 10.

— Zur Chronik des *Francisco-Carolinum* zu Linz. (Schönes Gebetbuch des Grafen Joachim von Windhaag.) Mus. Bl. 1840, Nr. 12, 16.

— Zur Chronik des *Francisco-Carolinum*. (Medaille auf Gottfried Bessel.) Mus. Bl. 1840, Nr. 22.

— Zur Chronik des *Francisco-Carolinum*. Mus. Bl. 1841, Nr. 14, 20, 21, 22.

— Der Krieg um die spanische Erbfolge. Mus. Bl. 1842, Nr. 1, 2, 3, 7, 8, 9, 10, 25, 26, 27, 28.

— Römische Sepulchral-Monumente. Mus. Bl. 1843, Nr. 1, 2, 3.

— Der Aufstand des bairischen Landvolkes gegen die Kaiserlichen. Mus. Bl. 1843, Nr. 32, 33, 34, 35, 36.

— Ueber die Ausgrabung römischer Alterthümer zu Schlögen und die Lage des alten *Joviacum*. Linz, 1840. 4. J. B., 1. Lief.

— Römische Inschriften im Lande ob der Ens. Linz, 1853. 13. J. B., 8. Lief.

— Geschichte des akadem. Gymnasiums zu Linz. Linz, 1855. 15. J. B., 10. Lief.

Gaisberger, Josef. Dolch eines neapolitanischen Räuber-Anführers im vaterländischen Museum zu Linz. O. K. 1856.
— Die römischen Gräber bei Wels im Lande ob der Ens. Linz, 1857. 17. J. B., 12. Lief.
— Zur Geschichte milder Stiftungen im Lande ob der Ens. II. Lieferung. Linz, 1860. 20. J. B., 15. Lief.
— Zur Geschichte milder Stiftungen im Lande ob der Ens. III. Lieferung. Linz, 1862. 22. J. B., 17. Lief.
— Alterthümer aus dem Strombette der Donau. Linz, 1858. 18, J. B., 13. Lief.
— Archäologische Nachlese, I. Linz, 1864. 24. J. B., 19. Lief.
— Archäologische Nachlese, II. Linz, 1865. 25. J. B., 20. Lief.
— Archäologische Nachlese, III. Linz, 1869. 28. J. B., 23. Lief.

Gitlbauer, Michael, Chorherr zu St. Florian. Erinnerung an Josef Gaisberger. Linz, 1871. 30. J. B., 25. Lief.

Gronschmid, Emerich. Die Einwanderung und Ansiedlung der aus Oberösterreich nach der Marmarosch versetzten Kolonisten. Mus. Bl. 1844, Nr. 30.

Henschel, Gustav. Mittheilungen aus dem Gebiete der Entomologie. Linz, 1861. 21. J. B., 16. Lief.

Herzenskron, Theodor. Vaterländische Literatur und Wissenschaft. Mus. Bl. 1844, Nr. 4.

Hinterberger, Josef. Die Vögel Oesterreich ob der Ens, als Beitrag zur Fauna dieses Kronlandes. Linz, 1854. 14. J. B., 9. Lief.
— Beiträge zur Charakteristik der oberösterreichischen Hochgebirge. Linz, 1858. 18. J. B., 13. Lief.

Hinterhuber, Rudolf. Vegetation über, mit besonderer Rücksicht auf das Herzogthum Salzburg. Mus. Bl. 1839, Nr. 2, 3.
— Gebirgs-Panorama um Salzburg. Mus. Bl. 1841, Nr. 1, 2, 3, 4.
— Erinnerung an Doktor Götz. Mus. Bl. 1841, Nr. 15.

Hinteröcker, Johann N., S. J. P. Mittheilungen über die Lebensweise und das Vorkommen der rothen oder kleinen Haselmaus. Linz, 1861. 21. J. B., 16. Lief.

Hinteröcker, Johann N. Schloss Neuhaus mit seiner nächsten Umgebung im oberen Mühlkreise durch seine Eigenthümlichkeiten und Seltenheiten in Fauna und Flora einer der reichsten Bezirke für den Naturfreund in Oberösterreich. Linz, 1863. 23. J. B., 18. Lief.

Hock, Karl F., Dr. Ueber den im Monat Mai 1841 auf dem Michaelsplatze zu Salzburg aufgefundenen römischen Mosaik-Boden. Mus. Bl. 1841, Nr. 26.

— Leopold Graf zu Stolberg-Stolberg, Nekrolog. Mus. Bl. 1841, Nr. 30.

— Die Ausgrabungen auf dem Michaelsplatze zu Salzburg. Mus. Bl. 1842, Nr. 7, 8, 9, 10.

Kaltenbrunner, Karl Adam. Die Burgfrau von Reichenstein, vaterländische Sage. (1. und 2. Ballade.) Mus. Bl. 1840, Nr. 18, 19.

— Bei dem Eintritte des neuen Jahres, Gedicht. Mus. Bl. 1840, Nr. 24.

— Ottokar von Steyer, Ballade. Linz, 1840. 4. J. B., 1. Lief.

— Der Name Grillparzer, philologische Miszelle. Mus. Bl. 1841, Nr. 9.

— Rezensirende Anzeige. Mus. Bl. 1841, Nr. 10.

— Beurtheilung der Gedichte M. L. Schleifers. Mus. Bl. 1841, Nr. 16, 17.

— Trausnitz, Gedicht. Mus. Bl. 1841, Nr. 31.

— Zur Feier des höchst erfreulichen Geburtsfestes Sr. k. k. Hoheit des durchlauchtigsten Herrn Erzherzog Franz Karl, höchsten Protektors des vaterländischen Museums. Mus. Bl. 1841, Nr. 34.

— Jahresgruss, Gedicht. Mus. Bl. 1842, Nr. 1.

— Ueberblick der vaterländischen Poesie. Mus. Bl. 1842, Nr. 24.

— Literatur-Gedichte von Carlopago. Mus. Bl. 1843, Nr. 19.

— Die salzburg'sche Dichterin Maria Johanna Sedlmaier betreffend. Mus. Bl. 1843, Nr. 21, 22.

Kapp, Gisbert. Dokumente über Joh. Kepplers Aufenthalt in Linz. Mus. Bl. 1842, Nr. 17, 18, 19, 20, 22.

Kenner, Josef, Magistratsrath in Linz. Ritter Anton von Spaun: Heinrich von Ofterdingen und das Niebelungenlied. 8. Linz, 1840, bei Haslinger, beurtheilt von Josef Kenner. Mus. Bl. 1840, Nr. 7, 8.
— Bruchstücke über die Linzer Jahrmärkte. Mus. Bl. 1841, Nr. 2, 3, 4, 5, 6, 7.
— Bruchstücke über die Linzer-Jahrmärkte. Linz, 1841. 5. J. B., 2. Lief.
— Jodok Stülz's Geschichte des Cistercienser-Klosters Wilhering; ein Beitrag zur Landes- und Kirchengeschichte Oberösterreichs. Linz, 1840, bei Quirin Haslinger, beurtheilt von J. Kenner. Mus. Bl. 1841, Nr. 9.
— Bruchstücke zur Geschichte der Stadt Linz, aus dem Stadt-Archive. 2 Theile. (Manuscript.)
Kner, Rudolf, Dr. Ueber den Werth und Einfluss der Naturwissenschaften. Mus. Bl. 1844, Nr. 36.
Knörlein, Anton, Med.-Dr. Ueber den wohlthätigen Einfluss der Einführung der Seidenraupenzucht als Beschäftigung für die Irren in der k. k. Versorgungs-Anstalt zu Linz. Mus. Bl. 1844, Nr. 33.
— Kurzgefasste Geschichte der Heilanstalten und des Medizinalwesens in Linz. Linz, 1855. 15. J. B., 10. Lief.
Koch, Mathias. Beiträge zur Geschichte der Stadt Linz. Mus. Bl. 1841, Nr. 25, 27, 28, 29.
— Die altdeutschen Kunstdenkmale in der Stadtpfarrkirche zu Wels. Mus. Bl. 1841, Nr. 32, 33.
— Spital am Pyhrn. Mus. Bl. 1843, Nr. 2, 3, 4.
Kohlendorfer, Pater Wolfgang, Subprior des Stiftes Lambach. Plazidus Hieber von Greifenfels, Abt des Benediktiner-Stiftes Lambach. Mus. Bl. 1842, Nr. 32, 36.
Koller, Marian P., Direktor der Sternwarte in Kremsmünster. Meteorologische Beobachtungen, angestellt auf der Sternwarte in Kremsmünster im Jahre 1839. Mus. Bl. 1840, Nr. 3.
— Beiträge zu den Ortsbestimmungen in Oberösterreich. Mus. Bl. 1840, Nr. 14.

Koller, Marian P. Ueber den Gang der Wärme in Oberösterreich. Linz, 1841. 5. J. B., 2. Lief.
— Meteorologische Beobachtungen, angestellt auf der Sternwarte in Kremsmünster im Jahre 1840. Mus. Bl. 1841, Nr. 4.
— Beiträge zu den Ortsbestimmungen in Oberösterreich. Mus. Bl. 1841, Nr. 22, 23.
— Bericht über die meteorologischen und magnetischen Beobachtungen. Mus. Bl. 1842, Nr. 11, 12, 13, 15, 16.
— Resultate auf der Sternwarte zu Kremsmünster angestellter Beobachtungen über die Feuchtigkeits-Verhältnisse unserer Atmosphäre. Linz, 1843. 7. J. B., 4. Lief.

Kudelka, Josef, Dr. Die Theorie und die Erfahrung mit besonderer Rücksicht auf den Magnetismus und die Elektrizität. Linz, 1854. 14. J. B., 9. Lief.
— Einige Worte über Erziehung. Linz, 1855. 15. J. B., 10. Lief.

Lambel, Hanns Dr., Professor am k. k. Staatsgymnasium zu Oberhollabrunn. Die Weisthümer Oberösterreichs und Bitte um Mittheilung noch fehlender. Linz, 1873. 32. J. B., 27. Lief.

Lamprecht, Johann. Historisch-topografische Matrikel des Landes ob der Ens als Erläuterung zur Charte des Landes in seiner Gestalt und Eintheilung vom VIII. bis XIV. Jahrhundert. Herausgegeben vom Diözesan-Kunstvereine in Linz. Wien, 1863. Hof- und Staatsdruckerei.

Lindenschmit, Dr. L., Direktor des röm. germ. Museums zu Mainz. Bemerkungen über die Fundgegenstände von römischen Gebäuden zu Windischgarsten. Linz, 1873. 31. J. B. 26. Lief.

Mayr, Maximilian. Kurze Lebensgeschichte des ob der ensischen Volksdichters Maurus Lindmayr. Mus. Bl. 1843, Nr. 31, 33.

Meyr, Ignaz, Dr. Die klimatischen Verhältnisse Oberösterreichs, mit besonderer Rücksicht auf den Sommer-Aufenthalt. Linz, 1869. 28. J. B., 23. Lief.

Miszellen. Wolfgang von Polheim. — Timelkam wird zum Markte erhoben. Mus. Bl. 1840, Nr. 2.
— Max I. Schreiben an Dionys Braun. Mus. Bl. 1840, Nr. 5.
— Verfasser der Landtafel ob der Ens. Mus. Bl. 1840, Nr. 16.

Miszellen. Reichart's von Strein Bemerkung zum Jahre 1467. Mus. Bl. 1840, Nr. 17.
— Johann von der Werd über die Armuth seines Kriegsvolkes. Mus. Bl. 1841, Nr. 1.
— Walter von Ramschwag. Mus. Bl. 1841, Nr. 8.
— Othmar Nachtigall's Epigramm auf die Stadt Salzburg. Mus. Bl. 1841, Nr. 11.
— Max II. Unzufriedenheit mit seinem Bruder Ferdinand. Mus. Bl. 1841, Nr. 19.
— Maria Theresien's Schenkung an das Waisenhaus zu Wien. Mus. Bl. 1841, Nr. 23.
— Gegenbemerkungen zu einer Bemerkung im neuesten Wegweiser von Salzburg. Mus. Bl. 1843, Nr. 25, 26.
— Die einstige Dreifaltigkeits-Kapelle an der Landstrasse in Linz. Mus. Bl. 1843, Nr. 28.
— Bestimmung eines im naturhistorischen Kabinete des *Museum Francisco-Carolinum* aufgestellten fossilen Schädel-Fragmentes. Mus. Bl. 1843, Nr. 32.
— Verzeichniss derjenigen gelehrten Anstalten, Gesellschaften und Vereine, mit welchen das Museum in literarischer Verbindung steht, durch gegenseitigen Austausch der Druckschriften, nebst Angabe der Herausgabe der periodischen Schriften derselben. Mus. Bl. 1844, Nr. 35.
— Torf, dessen Verwendung. Mus. Bl. 1843, Nr. 4.
— Ausführliche Beschreibung der Erbhuldigung des Erzherzogthums Oesterreich ob der Ens, welche bei heiterem, schönsten Wetter den 10. September 1732 glücklich vorbeigegangen. Mus. Bl. 1844, Nr. 34, 35.
— Chronologischer Auszug aller Khevenhillerischen dem durchlauchtigsten Haus Oesterreich erwiesenen unterthänigsten Diensten. Mus. Bl. 1844, Nr. 22, 23, 24.
— Die Sage über den Ursprung des Marktes Ried im Innviertel und dessen Wappen. Mus. Bl. 1844, Nr. 12 und 13.
— Das Bild des P. Valerianus im Kapuzinerkloster zu Salzburg betreffend. Mus. Bl. 1842, Nr. 22.

Miszellen. Ueber die Torfgräberei im unteren Mühlkreise. Mus. Bl. 1843, Nr. 1.
— Aufgefundene Marmor- und Alabaster-Lager in Oberösterreich. Mus. Bl. 1843, Nr. 16, 17.
— Der christliche Ritterschafts-Orden. Mus. Bl. 1843, Nr. 17 und 18.
— Nekrolog, den Mathias Leopold Schleifer betreffend. Mus. Bl. 1843, Nr. 26, 27.
— Pausinger Franz: Glasgemälde. Mus, Bl. 1843, Nr. 30.
— 1. Ein oberösterreichischer Held.
 2. Ein Paar schöne Stiftungen.
 3. Ein Brief einer Königin.
 4. Antwort auf eine Herausforderung.
 5. Ein Hochzeitsunglück.
 6. Der Tollinger.
 7. Warum heissen die Weissenwolfe Ungnad.
 8. Eine kaiserliche Ehrengabe.
 9. Kirchenbusse für einen Todschlag.
 10. Ein Gift.
 11. Ein adeliges Geständniss.
 12. Eine Oberösterreicherin, Braut eines Bruders des türkischen Kaisers.
 13. Wenn's Unglück sein will.
 14. Christliche Wohlthätigkeit.
 15. Der Anhänger, Streifzüge auf historischem Felde. O. K. Linz, 1857.
— I. Die Tyllisburg.
 II. Wildberg.
 III. Ottensheim.
 IV. Kremsmünster. O. K. Linz, 1859.
Museal-Notizen:
 I. Münzen der Stadt Linz.
 II. Denkmünze aus der Zeit der Bauernunruhen in Oesterreich ob der Ens.
 III. Die Familie der Grafen Waffenberg, dem Lande ob der Ens angehörig.

Museal-Notizen:

IV. Die im *Museum Francisco-Carolinum* vorhandenen oberösterreichischen Taiding- und Statuar-Bücher.

V. Die *Cephalopoden* der Hallstätter Schichten in der geognostischen paläontologischen Sammlung des *Museum Francisco-Carolinum*.

VI. Das Vorkommen einer neuen Art fossiler Korallen in den Hallstätter Kalken. Linz, 1865. 25. J. B., 20. Lief.

Petrina, Franz. Das eiserne Donaufrachtschiff, genannt die Stadt Linz. Mus. Bl. 41, Nr. 7, 8.
— Meteorologie. Mus. Bl. 1841, Nr. 22.
— Einiges über die am 8. Juli d. J. beobachtete Sonnenfinsterniss. Mus. Bl. 1842, Nr. 20.

Pflügl von Lissinez, k. k. Hofrath. Tagebuch der Reise der k. k. österr. Gesandtschaft in das Hoflager des Sultans von Marocco nach Megniercz. 1830. D. M.

Pillwein, Benedikt. Der uralte Eybelsperger-, insgemein Waldegger- und jetzige Wankmüllerhof. Mus. Bl. 1841, Nr. 25.
— Das Kirchlein Maria Anger bei Ens. Mus. Bl. 1843, Nr. 28.

Prechtler, J. O. Oberösterreich. Den Landesgebornen. Mus. Bl. 1840, Nr. 14.

Preisch, Karl, Hauptmann i. d. A. Beschreibung und Abbildung das Land Oesterreich ob der Ens betreffende Münzen. Linz, 1839. 3. J. B.
— Münzen der Stadt Linz mit Abbildungen. Linz, 1841. 5. J. B., 2. Lief.

Pritz, Franz Xav., Chorherr des Stiftes St. Florian. Ueber die steyerischen Markgrafen Ottokar III. oder Ozy und Ottokar IV., vorzüglich als Stifter des Klosters Garsten. Linz, 1840. 4. J. B., 1. Lief.
— Ueber das Gebirgsland an der Ens und Steyer im Allgemeinen. Mus. Bl. 1840, Nr. 14, 15.
— Ueber einzelne interessantere Gegenden und Orte an der Ens und Steyer. Mus. Bl. 1841, Nr. 19, 20.
— Geschichte der ehemaligen Benediktiner-Klöster Garsten und Gleink und der dazu gehörigen Pfarren. Mus. Bl. 1841, Nr. 24.

Pritz, Franz Xav. Beiträge zur Geographie und Geschichte Oesterreichs im Mittelalter. Mus. Bl. 1842, Nr. 5.
— Geschichtliche Nachrichten über die Stadt Linz von der ältesten Zeit bis zum Tode K. Albrecht's I. im Jahre 1308. Mus. Bl. 1843, Nr. 5, 6, 7, 8, 9.
— Ueber die grösseren Grabmäler zu Garsten bei Steyer. Mus. Bl. 1843, Nr. 12, 13, 14, 15.
— Geschichtliche Nachrichten über die Stadt Ens, von ihrem Ursprunge bis zum Jahre 1278. Mus. Bl. 1844, Nr. 7, 8 10, 12.
— Aelteste Geschichte des Landes ob der Ens bis zum Untergange der keltischen Herrschaft durch die Römer südlich der Donau im Jahre 15 und durch die Markomannen nördlich derselben im Jahre 8 v. Chr. Geb. Mus. Bl. 1844, Nr. 17. 18, 19, 20, 21, 22, 23.
— Geschichte des Landes ob der Ens von der ältesten bis zur neuesten Zeit. 2 Bde. Linz, 1846.
— Beschreibung und Geschichte der Stadt Steyr und ihrer nächsten Umgebungen. Nebst mehreren Beilagen, betreffend die Geschichte der Eisengewerkschaft und der Klöster Garsten und Gleink. Mit einer Ansicht der Stadt Steyr. 1837.
— Kurze Lebensgeschichte des heiligen Berthold, ersten Abtes des einstigen Benediktiner-Klosters Garsten im Lande ob der Ens. 1842.
— Geschichte von Oberösterreich für Schule und Haus. Linz, 1849, bei Quirin Haslinger.
— Ein Beitrag zur Geschichte der Lamberge von Steyr. 1851.
— Ueber die Stiraburg und ihre ersten Bewohner. O. K. 1855.
— Ueberbleibsel aus dem hohen Alterthume im Leben und Glauben der Bewohner des Landes ob der Ens. Linz, 1853. 13. J. B., 8. Lief.
— Jörg von Stein, der Herr und Regierer der Herrlichkeit Steyer. Linz, 1854. 14. J. B., 9. Lief.
— Beiträge zur Geschichte des aufgelassenen Chorherrenstiftes Suben. Linz, 1856. 16. J. B., 11. Lief.

Pritz, Franz Xav. Ueber die Naturanschauung und Verehrung im Alterthume und einige Ueberreste derselben in unserer Zeit. Linz, 1863. 23. J. B., 18. Lief.

Proschko, Franz Isidor, Dr. I. Streifzüge im Gebiete der Geschichte und Sage des Landes ob der Ens.
    I. Frankenburger Würfelspiel.
    II. Kepler in Linz, nach den im Museums-Archive befindlichen Original-Quellen.
    III. Die Belagerung von Linz im ersten Bauernkriege.
    IV. Die Gründung des Klosters Schlögel.
    V. Stift Hohenfurth. Linz, 1854. 14. J. B., 9. Lief.

— II. Streifzüge im Gebiete der österreichischen Geschichte und Sage.
    I. Ein merkwürdiges Turnier in Linz.
    II. Ein Beglaubigungs-Schreiben des Hussiten-Heerführers Johann Ziska von Trocznow.
    III. Merkwürdige Privilegiums-Urkunde des Kollegiums S. Wenceslai in Prag. Linz, 1855. 15. J. B., 10. Lief.

— Maria zum guten Rath. Legende aus der Chronik von Linz. O. K. 1855.

— Der Schekh von Steyr. O. K. 1856.

— Drei Sagen aus Oberösterreich:
Mondsee.
Unsere liebe Frau vom Pöstlingberge.
Schloss Lichtenhaag. O. K. 1857.

— Das Männlein in der Dürrenbachau. Salzburgische Volkssage. Das Refektorium. Erinnerungen aus der Vergangenheit von Linz. Der Dürrenteufel. Ein Schwank aus der oberösterr. Chronik. O. K. 1858.

— Das Treffen bei Ebelsberg 1809. O. K. 1859.

— Die Pest in Oberösterreich im Jahre 1713. O. K. 1861.

— Der Schekh von Steyr. Linz, 1856. 16. J. B., 11. Lief.

Pyrker, Johann Ladislaus, Erzbischof zu Erlau, Emz. Der heilige Florianus, Legende. Mus. Bl. 1841, Nr. 13.

— Der heilige Severinus, der Apostel Oesterreichs. Gedicht. Mus. Bl. 1842, Nr. 3.

Rally, Wilhelm von. Umrisse zur Geschichte der Budweis-Linz-Gmundner Eisenbahn. Mus. Bl. 1840, Nr. 23, 24.
— Die Glasmalereien in der Pfarrkirche zum heiligen Johann Evang. in Wels. Mus. Bl. 1841, Nr. 10.
— Souvent A., Mappen-Archivar des Katasters: Detail-Karte des Salzkammergutes in Oberösterreich, beurtheilt von W. v. Rally. Mus. Bl. 1841, Nr. 21.
— Schloss Klamm im Machlande. Mus. Bl. 1842, Nr. 19. 20, 21.
— Schloss Klamm im Machlande. Linz, 1843. 7. J. B., 4. Lief.
Rapp, Josef Dr., Regierungsrath. Die Dreifaltigkeitssäule auf dem Hauptplatze in Linz. Mus. Bl. 1840, Nr. 11, 12.
Reichenbach, Karl August. Das k. k. Konvikt zu Kremsmünster und seine Stiftungen. Linz, 1842. 6. J. B., 3. Lief.
Reiserbauer, Josef Julius. Kunigunde von Oesterreich, vaterländische Ballade. Mus. Bl. 1840, Nr. 5.
— Die Helden von Ebelsberg, vaterländische Ballade. Mus. Bl. 1840, Nr. 8.
— Gründung von Wilheringen, Gedicht. Mus. Bl. 1841, Nr. 26, 28, 29.
Reslhuber, Augustin, Abt des Klosters und Direktor der Sternwarte zu Kremsmünster, Reichsrath etc.˙ Das Toposcop auf dem Landhausthurme in Linz, mit einer lithographirten Abbildung Nr. 2. Mus. Bl. 1840, Nr. 13.
— Beiträge zur Klimatologie von Oberösterreich. Linz, 1855. 15. J. B., 10. Lief.
— Bericht über die Kometen des Jahres 975, 1264 und 1556. Linz, 1857. 17. J. B., 12. Lief.
— Untersuchung über den Druck der Luft. Ein Beitrag zur Klimatologie Oberösterreichs. Linz, 1858. 18. J. B., 13. Lief.
— Ueber die wässerigen Niederschläge aus der Atmosphäre. Ein Beitrag zur Klimatologie von Oberösterreich. Linz, 1863. 23. J. B., 18. Lief.
— Resultate aus den im Jahre 1869 auf der Sternwarte zu Kremsmünster angestellten meteorologischen Beobachtungen. Linz, 1871. 30. J B., 25. Lief.

Reslhuber, Augustin. Resultate aus den im Jahre 1870 auf der Sternwarte zu Kremsmünster angestellten meteorologischen Beobachtungen. Linz, 1873. 31. J. B., 26. Lief.

Roidtner, Josef. Die Fundplätze am Donau-Strudel und Wirbel. Linz, 1871. 30. J. B., 25. Lief.

Sandbichler, Dr. Gutachten über die Inschrift auf dem Idol, welches in der Götzengrotte zu Hellbrunn bei Salzburg entdeckt wurde. Mus. Bl. 1843, Nr. 6.

Sailer, Franz. Die herzblätterige Jacquinie. Mus. Bl. 1840, Nr. 5.

Scheibelberger, Friedrich, Kooperator. Beiträge zur Geschichte des Marktes und der Pfarre Vecklamarkt. Linz, 1866. 26. J. B., 21. Lief.

Schiedermayr, Johann Bapt. Nekrolog von seinem Sohne Johann Bapt. Schiedermayr. Mus. Bl. 1840, Nr. 4, 6.

Schilling, Julius. Die neuesten Ausgrabungen römischer Alterthümer am Bürgelstein zu Salzburg. Mus. Bl. 1840, Nr. 4.
— Römische Alterthümer in Salzburg. Mus. Bl. 1840, Nr. 15, 16.
— Salzburg, Gedicht. Mus. Bl. 1841, Nr. 36.

Schleifer, M. L. Gedicht an Anton Ritter von Spaun. Mus. Bl. 1840, Nr. 11.
— Die Erstürmung von Saida, am 26. September 1840. Mus. Bl. 1840, Nr. 22.
— Zur Feier des neunzehnten April 1841. Gedicht. Mus. Bl. 1841, Nr. 11.

Schmidberger, Josef, Chorherr des Stiftes St. Florian. Ueber den Nutzen mehrerer Insekten. Mus. Bl. 1839, Nr. 4, 5, 6.
— Von den Ursachen des Fehlschlagens der Obsternte in den Jahren 1835 bis 1839 und einigen Mitteln dagegen. Mus. Bl. 1840, Nr. 4, 5.
— Ueber die Lebenskraft der Goldaster-Raupen. Mus. Bl. 1840, Nr. 20.
— Von dem Instinkte der Insekten. Linz, 1840. 4. J. B., 1. Lief.
— Ueber die Obsternte 1840 in Oberösterreich. Mus. Bl. 1841, Nr. 7.
— Obsternte in Oberösterreich im Jahre 1841. Mus. Bl. 1841, Nr. 35.

Schmidberger, Josef. Ueber den Werth des Studiums der Insekten. Linz, 1841. 5. J. B., 2. Lief.
— Systematische Anleitung zur Kenntniss der Pflaumen. Mus. Bl. 1842, Nr. 6.
— Ueber die Obsternte Oberösterreichs im Jahre 1842. Mus. Bl. 1842, Nr. 36.
— Von der Fürsorge Gottes für die Erhaltung der Insekten, dass sie nicht aussterben. Linz, 1842. 6. J. B.. 3. Lief.
— Naturgeschichte der Maikäfer und Mittel, sie zu vermindern. Linz, 1843. 7. J. B., 4. Lief.
— Von den Gärten der alten und der neueren Zeit. Linz, 1843. 7. J. B., 4. Lief.
— Ueber die Obsternte Oesterreichs ob der Ens im Jahre 1843. Mus. Bl. 1844, Nr. 3.
— Ueber die Blattläuse *(Aphidinae).* Mus. Bl. 1844, Nr. 34, 35.

Schmieder, P. Pius, Pfarrer zu Neukirchen. *Breve chronicon Monasterii Lambacensis.* 1865.
Beiträge zur Landeskunde von Oberösterreich:
I. Zur Geschichte des Weinbaues in Oberösterreich.
II. Ordnung der Traunfischer vom Jahre 1418.
III. Zur Geschichte des Steuerwesens im 15. Jahrhundert. Linz, 1866. 26. J. B., 21. Lief.
— Die Benediktiner-Ordensreform des 13. und 14. Jahrhunderts. Notizen zur älteren Baugeschichte der Kirchen und Klosters Lambach. Linz, 1866.
— Lorch und Ens. Linz, 1871. 30. J. B., 25. Lief.

Schumann, Jgnaz von Mannsegg, Domherr in Salzburg. Lebensskizze des Erzbischofes von Salzburg Thiemo. Mus. Bl. 1841. Nr. 11, 12, 13, 14, 15, 16, 18.
— *Juraviae rudera.* Linz, 1841. 5. J. B., 2. Lief.
— Ueber die Keltenstadt am Platze des alten Juvaviums. Mus. Bl. 1843, Nr. 10, 11, 12.
— Beiträge zu einer Lebensskizze des Grafen von Windhaag. Mus. Bl. 1843, Nr. 27, 28.
— Nachträgliche Bemerkungen in Bezug auf den Grafen von Windhaag. Mus. Bl. 1844, Nr. 5.

Siegel, Josef. Die k. k. Teppich-Fabrik und Schafwollwaaren-Druckerei in Linz. Mus. Bl. 1840, Nr. 21, 22.

Simettinger, M. F. Der Böchgraben in Oberösterreich. Linz, 1865. 25. J. B., 20. Lief.

Sirowy, J. Herzog Ottokar und Abt Hiltger von Wilhering. O. K. 1855.

Spaun, Anton Ritter von, ständischer Syndikus. Muthmassungen über Heinrich von Ofterdingen und sein Geschlecht. Mus. Bl. 1839, Nr. 3, 4, 5, 6.

— Muthmassungen über Heinrich von Ofterdingen und sein Geschlecht. Linz, 1840. 4. J. B., 1. Lief.

— Der Prozess um eine Ohrfeige. Ein Beitrag zur Rechts- und Sittengeschichte des 16. Jahrhunderts. Mus. Bl. 1840, Nr. 23, 24.

— Heinrich von Ofterdingen und das Nibelungenlied. Ein Versuch, den Dichter und das Epos für Oesterreich zu vindiziren. Mit einem Anhange: Proben österreichischer Volksweisen im Rythmus des Nibelungenliedes. Linz, 1840, bei Q. Haslinger.

— Das Weltalter, eine Neujahrsbetrachtung. Mus. Bl. 1841, Nr. 1.

— Aufforderung, den einheimischen Marmor betreffend. Mus. Bl. 1841, Nr. 9.

— Rococo-Justiz. Mus. Bl. 1841, Nr. 22, 23.

— Schaunbergische Grabmäler zu Wilhering, sammt vier lithographirten Beilagen. Mus. Bl. 1841, Nr. 34.

— Ein Fragment einer Handschrift des Nibelungenliedes aus dem 13. Jahrhundert. Linz, 1841. 5. J. B., 2. Lief.

— Lebensbeschreibung des Johann Georg Adam Freiherrn zu Hohenek. Linz, 1842. 6. J. B., 3. Lief.

— Oesterreichische Heldensagen. — Pitrolf. Mus. Bl. 1842, Nr. 11, 12, 13, 14, 15, 16, 29, 30, 31, 33, 34, 35.

— Betrachtungen über einige Folgen des Maschinenwesens. Mus. Bl. 1843, Nr. 13.

— Oesterreichische Heldensagen. Mus. Bl. 1843, Nr. 33, 34, 36.

— Oesterreichische Heldensagen. Mus. Bl. 1844. Nr. 1, 2, 3, 5, 6, 9, 11, 14, 15, 16.

Spaun, Anton Ritter von. Bilderschau im *Museum Francisco-Carolinum* in Linz. Mus. Bl. 1844, Nr. 30, 31.
— Oberösterreichische Dichter im sechzehnten Jahrhundert. Mus. Bl. 1844, Nr. 33.

Stern, Josef. Ueber den Instinkt der Honig-Bienen. Linz, 1840, 4. J. B., 1. Lief.
— Anleitung zu einer naturgemässen und nützlichen Pflege der Bienen. 8. Linz, 1840, bei Haslinger, beurtheilt von Anton Chr. Edlen von Michelshausen. Mus. Bl. 1840, Nr. 11.

Stifter, Adalbert, k. k. Hofrath. Ueber den geschnitzten Hochaltar der Kirche zu Kefermarkt. Linz, 1853. 13. J. B., 8. Lief.

Streinz, Wenzel. Uebersicht der Leistungen und des Vermögensstandes der Heil-Anstalten und der Versorgungs-Institute in Oesterreich ob der Ens und Salzburg am Schlusse des Rechnungsjahres 1838. Mus. Bl. 1840, Nr. 3.
— Die Armen-Institute im Erzherzogthume Oesterreich ob der Ens und im Herzogthume Salzburg im Allgemeinen. Mus. Bl. 1841, Nr. 16, 17, 18, 19.
— Die Wirksamkeit der im Mühlkreise bestehenden Armen-Institute. Mus. Bl. 1841, Nr. 22.
— Leistungen der öffentlichen Anstalten zur Unterstützung der Armen im Innkreise. Beilage. Mus. Bl. 1841, Nr. 31.
— Die Leistungen der öffentlichen Anstalten zur Unterstützung der Armen im Traunkreise. Beilage. Mus. Bl. 1841, Nr. 25
— Stand der Armen-Versorgungs-Anstalten im Hausruckkreise. Mus. Bl. 1841, Nr. 28.

Strnadt, Julius, Bezirksgerichts-Adjunkt in Vöcklabruck. Der Bauern-Aufruhr in den Jahren 1594—1597 im Mühlviertel. Ein Beitrag zur Geschichte dieses Bauernkrieges. Linz, 1858. 18. J. B., 13. Lief.
— Versuch einer Geschichte der passauischen Herrschaft im oberen Mühlviertel, namentlich des Landgerichtes Velden bis zum Ausgang des Mittelalters. Linz, 1860. 20. J. B., 15. Lief.
— Peuerbach, ein rechtshistorischer Versuch. Linz, 1868. 27. J. B., 22. Lief.

Strnadt. Julius. Nachtrag zu der rechtshistorischen Abhandlung Peuerbach. Linz. 1869. 28. J. B., 23. Lief.

Stülz. Jodok. Propst des Stiftes St. Florian. Geschichte des regulirten Chorherren-Stiftes St. Florian. Ein Beitrag zur Geschichte des Landes Oesterreich ob der Ens. 1835.
— Des Grafen Franz Christof Khevenhiller's Brautwerbung. Mus. Bl. 1839, Nr. 1, 2.
— Kaiser Maximilians Hinscheiden in der Burg zu Wels. Linz, 1839. 3. J. B.
— Geschichte des Cistercienser-Klosters Wilhering. Ein Beitrag zur Landes- und Kirchengeschichte Oberösterreichs. 1840.
— Der Minnesänger Dietmar von Aist, ein Oberösterreicher. Mus. Bl. 1840, Nr. 1.
— Eine Zugabe zum 17. Bande der kirchlichen Topographie, der die Beschreibung des Dekanates Peuerbach enthält. Mus. Bl. 1840, Nr. 17, 18.
— Nekrolog. Johann Christof Stelzhammer, Domherr zu St. Stefan in Wien. Mus. Bl. 1840, Nr. 20.
— Ueber die Leistungen zur Sammlung eines Diplomatars für Oesterreich ob der Ens. Linz, 1840. 4. J. B., 1. Lief.
— Des Grafen Franz Christof Khevenhiller's zweite Vermählung. Mus. Bl. 1841, Nr. 13, 15.
— Wie Graf Franz Christof Khevenhiller den Orden des goldenen Vliesses erhielt. Mus. Bl. 1841, Nr. 25.
— Die Schaunberge im Lande Oesterreich ob der Ens. Mus. Bl. 1841, Nr. 32, 33.
— Geschichte des Klosters des heiligen Geistordens zu Pulgarn. Linz, 1841. 5. J. B., 2. Lief.
— Die Stiftung der Pfarre Pergkirchen im Machlande. Mus. Bl. 1842, Nr. 4.
— Zur Genealogie des Geschlechtes der Herren von Capellen. Linz, 1842. 6. J. B., 3. Lief.
— Wie die Annalen des Grafen von Khevenhiller entstanden. Mus. Bl. 1843, Nr. 7.
— Eine Bemerkung zu dem Stiftbrief des Klosters Kremsmünster. Mus. Bl. 1843, Nr. 9.

Stülz, Jodok. Tilly. Graf von. Wie kamen die Volkenstorf'schen Güter in dessen Besitz. Mus. Bl. 1843, Nr. 23, 24.
— Nekrolog Sr. Hochwürden Herrn Josef Schmidberger. Mus. Bl. 1844, Nr. 26.
— Gerhoch, Probst von Reichersberg. Wien, 1849.
— Die ältesten Urkunden des Klosters Gleink. Wien, 1849.
— Historische Abhandlung. Wien, 1849.
— Ein Fragment aus der Chronik des ehemaligen Stiftes reg. Chorherren zu Ranshofen am Inn. Linz, 1853. 13. J. B., 8. Lief.
— Schicksale des Klosters und der Umgebung von Ranshofen im bairischen Erbfolgekriege. Linz, 1854. 14. J. B., 9. Lief.
— Zur Geschichte der Pfarre und der Stadt Vöcklabruck. Linz, 1857. 17. J. B., 12. Lief.
— Ueber die Abstammung der Herren und Grafen von Schaunberg. Linz, 1861. 21. J. B., 16. Lief.
— Zur Geschichte des Grafen Ulrich von Schaunberg. Linz, 1861. 21. J. B., 16. Lief.
— Zur Geschichte der Herren und Grafen von Schaunberg. Wien, 1862.
— Geschichte der Pfarre Lasberg. Linz, theolog. Quartalschrift XVII. Jahrg. 1864.
— Bertholt Preuhaven, der berühmte Deutschordens-Comthur, ein Oberösterreicher aus Steyr. Linz, 1865. 25. J. B., 20. Lief.
— Die Herren und Grafen von Schaunberg, deren Gräber in der Stiftskirche zu Wilhering, mit Zeichnungen Dr. Lind's. (Sitzungsberichte des Aterthums-Vereines zu Wien, Band X., III. Heft.) Wien, 1869.

Süss, M. V. Nekrolog Sr. Wohlgeboren des Herrn Anton von Heffter. Mus. Bl. 1844, Nr. 25, 26.
— Das salzburgische Zunftwesen. Mus. Bl 1844, Nr. 28. 29.

Ulrich, Fabian. Das Sanitätswesen und die Volkskrankheiten des sechzehnten Jahrhunderts im Lande ob der Ens. Linz. 1856. 16. J. B., 11. Lief.

Urkunden-Buch des Landes ob der Ens. Herausgegeben vom Verwaltungs-Ausschuss des *Museum Francisco-Carolinum* zu Linz. Wien, k. k. Hof- und Staatsdruckerei. Verlag: Universitäts-Buchhandlung Gerold & Sohn.
1. Band. Wien 1852, Codices, siehe Urkundenbuch pag. 60.
2. „ 1856 vom Jahre 777 bis 1230.
3. „ 1862 „ 1231 „ 1282.
4. „ 1867 „ 1283 „ 1308.
5. „ „ 1868 „ 1308 „ 1330.
6. „ „ 1872 „ 1331 „ 1346.
7. „ druckbereit.

Vanderbank, Franz von, k. k. Rittmeister a. D. Ein Raubmord zu Freizell im Jahre 1659. Linz, 1873. 31. J. B., 26. Lief.

Wagner, Leopold, Dr. Geographisch-mineralogische Notizen aus dem Herzogthume Salzburg. Mus. Bl. 1842, Nr. 2, 3, 4, 5, 6.
— Die Burgen und Schlösser im oberen Mühlviertel. Mus. Bl. 1843, Nr. 18, 19, 20, 21, 22, 23.
— Die grösseren Grabmäler im oberen Mühlkreise. Mus. Bl. 1844, Nr. 13, 14, 17, 20, 21.

Weingartner, Johann. Ueber die Zunahme der Landeskultur in Oberösterreich. Mus. Bl. 1840, Nr. 1, 3.
— Christof von Haim, Herr zu Reichenstein (als Sage), sammt lithographischer Beilage Nr. 1. Mus. Bl. 1840, Nr. 5, 6, 7.
— Aus der Chronik von Baumgartenberg. Mus. Bl. 1841, Nr. 35, 36.
— Bilder aus dem Kammergute Oberösterreichs. Mus. Bl. 1841, Nr. 30, 31.

Weishäupl, Georg, ständischer 2. Kustos des *Museum Francisco-Carolinum*. Zur Charakteristik Kaiser Maximilians I. und seiner Zeit. Mus. Bl. 1844, Nr. 32.

Weisshäupl, Hugo, regul. Chorherr von St. Florian. Ein Missale mit Miniaturen in der Bibliothek des Chorherren-Stiftes St. Florian. Linz, 1873. 31. J. B., 26. Lief.

Wirmsberger, Ferdinand, ständischer Buchhaltungs-Beamter. Die Belagerung und Eroberung von Freistadt im Jahre 1626. Linz, 1856. 16. J. B., 11. Lief.

Wirmsberger, Ferdinand. Aistersheim und seine Besitzer. Wels, 1859.
— Beiträge zur Genealogie der Dynasten von Volkerstorf. Wels. 1863.
— Regesten zu den Urkunden des *Museum Francisco-Carolinum*. 1863. D. M.
— Real-Index zu den Werken F. K u r z , Chorherr des Stiftes St. Florian, 1863 (Manuscript), und zwar:
Beiträge zur Geschichte des Landes Oesterreich ob der Ens. 3 Bände.
Auch unter dem Titel: Merkwürdige Schicksale der Stadt Lorch, der Grenzfestung Ensburg und des alten Klosters St. Florian, bis zum Ende des 11. Jahrhunderts. Nebst einer Sammlung der vorzüglicheren Urkunden der Klöster Gleink und Baumgartenberg. Linz, 1808.
Beiträge zur Geschichte des Landes Oesterreich ob der Ens. 4 Bände.
Auch unter dem Titel: Geschichte des Kriegsvolkes, welches der Kaiser Rudolf der II. im Jahre 1610 zu Passau anwerben liess. Nebst einer Sammlung der vorzüglicheren Urkunden der Klöster Waldhausen und Wilhering. Linz, 1809.
Geschichte der Landwehr in Oesterreich ob der Ens. 2 Bände. Linz, 1811.
Oesterreich unter König Ottokar und Kaiser Albrecht dem I. 2 Bände. Linz, 1816.
Oesterreich unter Kaiser Friedrich dem Schönen. Linz. 1818.
Oesterreich unter Herzog Albrecht dem Lahmen. Linz, 1819.
Oesterreich unter Herzog Rudolf dem IV. Linz, 1821.
Oesterreichs Handel in den älteren Zeiten. Linz, 1822.
Oesterreichs Militär-Verfassung in älteren Zeiten. Linz, 1825.
Oesterreich unter Herzog Albrecht dem III. 2. Bände. Linz, 1827, sämmtlich bei Quirin Haslinger.

Wolf, O. L. B. Encyclopädie der deutschen National-Literatur. Mus. Bl. 1841, Nr. 10.

Zeitschrift des *Museum Francisco-Carolinum* für das Jahr 1839 bis 1843, für Geschichte, Kunst, Natur und Technologie Oesterreichs ob der Ens und Salzburg. Redigirt von Professor Gaisberger, Gisbert Kapp, Dr. Kain und J. Fleischanderl. Mit vielen lithographirten Beilagen.

Urkundenbuch

des

Landes ob der Ens.

Die Statuten des im Jahre 1833 in's Leben gerufenen Museums bezeichnen als eine Hauptaufgabe die Sammlung und Verzeichnung der Denkmäler, der Geschichte des Landes, eine Sammlung von Urkunden, welche die Geschichte dieser Provinz im Allgemeinen oder einzelner Ortschaften und denkwürdiger Personen insbesondere betreffen; vorzüglich aber jener, welche geeignet sind, das Andenken von Stiftern und Wohlthätern zu erhalten, oder das Leben und die Verfassung längst entschwundener Jahrhunderte anschaulich zu machen.

Unter der Leitung der beiden Chorherren des Stiftes St. Florian Josef Chmel, k. k. Regierungsrathes und Vize-Direktor des geheimen Haus-, Hof- und Staats-Archives in Wien, und des k. k. Reichshistoriographen Jodok Stülz, damals Stiftspfarrer, am 28. Juni 1872 verstorbenen Probstes von St. Florian, wurde unverweilt Hand an's Werk gelegt. Der Vermittlung Chmel's dankt die Anstalt die Abschriften der auf das Land Bezug habenden, im Staats-Archive hinterlegten Dokumente, während Probst Jodok Stülz die im Lande selbst vorhandenen Urkunden aufzusuchen bemüht war, und ihre Kopirung bewirkte. Werthvolle Dokumente unserer Geschichte lagen im k. bairischen Reichs-Archive, ohne deren Benützung unser Diplomatarium nie die erwünschte Vollständigkeit hätte erreichen können. Auf Kosten der oberösterr. Stände unternahm daher Probst Jodok Stülz im Jahre 1846 eine Reise nach München, um die noch fehlenden *Codices* und Urkunden kopiren zu lassen.

Die Geldmittel der Anstalt, welche durch anderweitige Aufgaben, die nicht vernachlässigt werden durften, in Anspruch genommen wurden, erlaubten nur ein langsames Fortschreiten. In

Folge eines in der General-Versammlung des Jahres 1839 gehaltenen Vortrages, in welchem Probst Stülz Rechenschaft ablegte über das, was bereits geschehen, und wie viel noch zu thun sei, bewilligten die oberösterr. Stände dem Museum für die Vervollständigung des Diplomatars eine jährliche Dotation von 500 fl. CM. Auch die neugewählte Landes-Vertretung folgte dem leuchtenden Beispiele ihrer Vorgänger und bewilligte der Anstalt die bisher von den Landständen bezogene Unterstützung von 525 fl. ö. W.

Da aber diese Unterstützung nicht hinreichte, die bedeutenden Druckkosten des Diplomatars zu decken, so geruhte der Protektor des Museums, Se. kaiserliche Hoheit Herr Erzherzog Franz Karl, von Sr. Majestät dem damals regierenden Kaiser Ferdinand I. im Jahre 1848 die allerhöchste Bewilligung zu erwirken, dass die Hälfte der Druckkosten auf die Privatkasse Sr. Majestät übernommen wurde.

So erschien denn 1852 der 1. Band des oberösterreichischen Urkundenbuches.

Er enthält nur Saal-Bücher, welchen ein doppelter Index der Ortschaften und Personen angefügt ist, und zwar:
Codex traditionum Monasterii Lunælacensis Ordinis St. Benedicti.
„   „   „   *Garstensis Ord. St. Benedicti.*
„   „   „   *Ranshofensis Ord. canon. reg. St. Augustini.*
„   „   „   *Reichersbergensis Ord. canon. reg. St. Augustini.*
„   „   „   *Subenensis Ordinis canon. reg. St. Augustini.*
Excerpta ex codicibus Traditionum exclesiæ pataviensis.
Codex Traditionum Monasterii St. Nicolai prope Pataviam O. c. Augustini
und den „   „   „   *Formbacensis Ordinis St. Benedicti.*

Im Jahre 1856 erschien der 2. Band des Urkundenbuches des Landes ob der Ens, enthaltend die im Lande vorhandenen 503 Urkunden vom Jahre 777 bis zum Jahre 1230 in chronologischer Reihenfolge:

1862 im 3. Theile 635 Urkunden vom Jahre 1231 bis 1282,
1867 „ 4. „ 609 „ „ „ 1283 „ 1308,
1868 „ 5. „ 641 „ „ „ 1308 „ 1330,
1872 „ 6. „ 644 „ „ „ 1331 „ 1346.

Mehr als 3000 Urkunden sind bereits gedruckt, der 7. Band des Urkundenbuches liegt druckbereit. Zwei Bände ungefähr dürfte der Druck der bis zum Jahre 1400 reichenden Urkunden nöthig machen. Von diesem Jahrhunderte an, sollen die Urkunden in Regesten-Form, im Auszuge, so viel wie möglich mit den eigenen Worten der Urkunden selbst, mit Beifügung der Zeugen und der chronologischen Bezeichnungen erscheinen.

Im Archive des Museums befinden sich gegen 10.000 Urkunden und Urkunden-Abschriften. Regesten über dieselben, sowie der Real-Index zu Kurz Beiträgen der Geschichte des Landes ob der Ens (siehe Publikationen Seite 55), zusammengestellt von Ferdinand Wirmsperger, wurden vom Museum im Manuscripte angekauft, und werden, wenn die Geldmittel der Anstalt es erlauben, seiner Zeit der Veröffentlichung zugeführt werden.

Dem Eifer und der Beharrlichkeit des Vereines und seiner Fachreferenten ist es gelungen, alle in Ur- und Abschriften vorhandenen, im ganzen Lande zerstreuten Urkunden von vaterländischem Interesse bis zum Schlusse des Mittelalters so vollständig wie möglich zu sammeln.

Wie klein war die Anzahl derer, welche die Wichtigkeit der Urkunden kannten, als das Museum seine Wirksamkeit begann, und doch bilden die Aufzeichnungen der Zeitgenossen über das, was in ihrer Zeit geschah — die Urkunden eines Landes — die vorzüglichste Geschichtsgrundlage des Landes.

Mögen darum diesem grossartigen Unternehmen die erforderlichen Mittel erhalten bleiben, um dasselbe zur Ehre der vaterländischen Anstalt zum glücklichen Ende zu führen!

INDEX.

Vorwort und Einleitung .	1
Sammlungen: A. Historische .	5
Bibliothek . .	7
Archiv . .	9
Münzsammlung . .	9
Heraldik und Sfragistik	11
Dactiliothek	12
Antiken	12
Mittelalter	13
Ethnografie . .	14
Technologie . . .	14
Landeskunde . . .	15
B. Naturwissenschaftliche	17
Geognosie	19
Mineralogie . .	23
Zoologie . . .	24
Entomologie . . .	25
Botanik . . .	26
Publikationen	29
Urkundenbuch des Landes ob der Ens .	57